Gerenciamento do tempo em projetos

Central de Qualidade — FGV Management
ouvidoria@fgv.br

Publicações FGV Management

SÉRIE GERENCIAMENTO DE PROJETOS

Gerenciamento do tempo em projetos

3ª edição

André B. Barcaui
Danubio Borba
Ivaldo M. da Silva
Rodrigo B. Neves

FGV management

FGV EDITORA

ISBN — 978-85-225-0812-9

Direitos desta edição reservados à EDITORA FGV
Rua Jornalista Orlando Dantas, 37
22231-010 | Rio de Janeiro, RJ | Brasil
Tels.: 0800-021-7777 | 21-3799-4427
Fax: 21-3799-4430
E-mail: editora@fgv.br | pedidoseditora@fgv.br
www.fgv.br/editora

Impresso no Brasil / *Printed in Brazil*

1ª edição — 2006; 2ª edição — 2006; 1ª e 2ª reimpressões — 2007; 3ª e 4ª reimpressões — 2008; 5ª reimpressão — 2009; 3ª edição — 2010.

Preparação de originais: Marcos Roque

Editoração eletrônica: FA Editoração Eletrônica

Revisão: Marco Antonio Corrêa e Sandro Gomes dos Santos

Capa: aspecto:design

Ilustração de capa: Flávio Pessoa

Barcaui, André B.

Gerenciamento do tempo em projetos / André B. Barcaui, Danubio Borba, Ivaldo M. da Silva, Rodrigo B. Neves. — 3. ed. — Rio de Janeiro : Editora FGV, 2010.
168 p. : (Gerenciamento de projetos)

Acima do título: Publicações FGV Management.
Inclui bibliografia.

1. Administração de projetos. 2. Tempo — Administração. I. Borba, Danubio. II. Silva, Ivaldo M. da. III. Neves, Rodrigo B. IV. Fundação Getulio Vargas. V. FGV Management. VI. Título. VII. Série.

CDD — 658.404

Aos nossos filhos e também aos filhos de seus filhos, no reconhecimento de que eles aprenderão e saberão muito mais em seu tempo do que nós jamais poderíamos sonhar no nosso. Pelo simples fato de que tudo evolui e de que o tempo... não para.

Sumário

Apresentação

Este livro compõe as Publicações FGV Management, programa de educação continuada da Fundação Getulio Vargas (FGV).

Instituição de direito privado com mais de meio século de existência, a FGV vem gerando conhecimento por meio da pesquisa, transmitindo informações e formando habilidades por meio da educação, prestando assistência técnica às organizações e contribuindo para um Brasil sustentável e competitivo no cenário internacional.

A estrutura acadêmica da FGV é composta por oito escolas e institutos: a Escola Brasileira de Administração Pública e de Empresas (Ebape), dirigida pelo professor Flavio Carvalho de Vasconcelos; a Escola de Administração de Empresas de São Paulo (Eaesp), dirigida pela professora Maria Tereza Leme Fleury; a Escola de Pós-Graduação em Economia (EPGE), dirigida pelo professor Renato Fragelli Cardoso; o Centro de Pesquisa e Documentação de História Contemporânea do Brasil (Cpdoc), dirigido pelo professor Celso Castro; a Escola de Direito de São Paulo (Direito GV), dirigida pelo professor Ary

Oswaldo Mattos Filho; a Escola de Direito do Rio de Janeiro (Direito Rio), dirigida pelo professor Joaquim Falcão; a Escola de Economia de São Paulo (Eesp), dirigida pelo professor Yoshiaki Nakano; o Instituto Brasileiro de Economia (Ibre), dirigido pelo professor Luiz Guilherme Schymura de Oliveira. São diversas unidades com a marca FGV, trabalhando com a mesma filosofia: gerar e disseminar o conhecimento pelo país.

Dentro de suas áreas específicas de conhecimento, cada escola é responsável pela criação e elaboração dos cursos oferecidos pelo Instituto de Desenvolvimento Educacional (IDE), criado em 2003 com o objetivo de coordenar e gerenciar uma rede de distribuição única para os produtos e serviços educacionais da FGV, por meio de suas escolas. Dirigido pelo professor Clovis de Faro e contando com a direção acadêmica do professor Carlos Osmar Bertero, o IDE engloba o programa FGV Management e sua rede conveniada, distribuída em todo o país (ver www.fgv.br/fgvmanagement), o programa de ensino a distância FGV Online (ver www.fgv.br/fgvonline), a Central de Qualidade e Inteligência de Negócios e o Programa de Cursos Corporativos In Company. Por meio de seus programas, o IDE desenvolve soluções em educação presencial e a distância e em treinamento corporativo customizado, prestando apoio efetivo à rede FGV, de acordo com os padrões de excelência da instituição.

Este livro representa mais um esforço da FGV em socializar seu aprendizado e suas conquistas. Ele é escrito por professores do FGV Management, profissionais de reconhecida competência acadêmica e prática, o que torna possível atender às demandas do mercado, tendo como suporte sólida fundamentação teórica.

A FGV espera, com mais essa iniciativa, oferecer a estudantes, gestores, técnicos — a todos, enfim, que têm internalizado o conceito de educação continuada, tão relevante nesta era do conhecimento — insumos que, agregados às suas práticas, possam contribuir para sua especialização, atualização e aperfeiçoamento.

Clovis de Faro
Diretor do Instituto de Desenvolvimento Educacional

Ricardo Spinelli de Carvalho
Diretor Executivo do FGV Management

Sylvia Constant Vergara
Coordenadora das Publicações FGV Management

Introdução

Você ama a vida?
Então não desperdice tempo, pois é dele que a vida é feita.
Benjamin Franklin

Há quase 5 mil anos, os egípcios começaram a construção da pirâmide de Quéops. Heródoto, historiador grego, escreveu que essa pirâmide tomou 20 anos do trabalho de uns 100 mil camponeses. Empilharam, só nessa pirâmide, 2,3 milhões de blocos de granito e de pedra calcária que pesavam, em média, 2,5 toneladas. Foi um dos primeiros projetos de que se tem notícia. Hoje, as empresas modernas têm à disposição projetos cujo gerenciamento sofisticou-se, transformando-se quase em uma ciência.

Gerenciamento de projetos é assunto sério. Muito se investe em treinamento, processos, ferramentas e estruturas, para aumentar a maturidade de um ambiente de gerenciamento. Mas ainda é possível observar uma série de problemas ligados a essa prática. Muitos deles estão relacionados a uma das variáveis mais imponderáveis e implacáveis de todas: o tempo. Uma verdade incontestável de nossos tempos: projetos atrasam. É difícil quantificar ao certo o custo do atraso. Mas é certo que existe um custo e é certo também que atrasos geram insatisfação. Quanto mais se atrasa um projeto, mais lentamente se obtém o resultado esperado. Em muitos casos isso pode significar a perda de uma oportunidade ou até de um determinado mercado.

É curioso mencionar que muitas vezes gerenciamento de projetos é confundido com gestão de ferramentas. Muitas empresas começam a investir em sofisticadas ferramentas de software para controle de cronograma e se dizem preparadas para gerenciar projetos. Não há nada de errado na iniciativa de investir em ferramentas de planejamento e controle. De fato, elas estão cada vez mais poderosas e controlando muito mais do que o cronograma. Muitas delas são capazes de controlar todo o portfólio de projetos da empresa. Mas não funcionam sozinhas. De nada adianta a melhor ferramenta sem o devido processo e o devido treinamento conceitual do que é gerenciamento de projetos. Seria o equivalente a dizer que nos tornamos escritores somente pelo fato de sabermos usar um editor de textos.

Gerenciamento do tempo em projetos está ligado a todas as outras áreas de gerenciamento de projetos. Pela figura 1 é fácil entender a relação que gerenciamento do tempo tem com outras áreas. Ao mesmo tempo é difícil entender como, em muitos casos, gerentes e equipes de projeto acabam gerando cronogramas inteiros diretamente, digitando atividade por atividade em sua ferramenta predileta, sem antes ter fechado corretamente o desenho dos entregáveis do projeto.

Figura 1

A RELAÇÃO DE GERENCIAMENTO DO TEMPO COM DEMAIS DISCIPLINAS

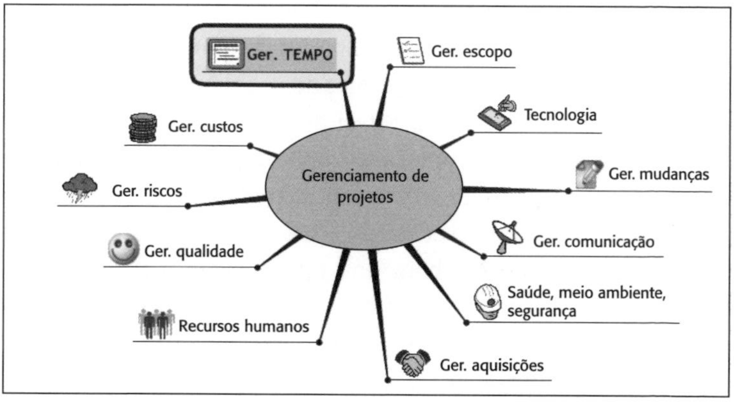

É justamente a visão de dependência e interligação com diversas áreas de planejamento e controle que procuramos oferecer neste livro. Reconhecemos que, por pressões do próprio mercado, muitas vezes essa abordagem acaba se tornando muito difícil. Ainda mais na chamada "era da velocidade e da mudança". O planejamento e o controle muitas vezes acabam cedendo ao improviso. O ritmo com que propostas têm que ser geradas e respostas têm que ser dadas muitas vezes leva uma equipe a confundir plano de projeto com cronograma. Ou até a gerar um plano insuficiente, ou plano nenhum, pressionado por um cliente interno ou externo.

O gerenciamento do tempo vai desde a definição de atividades, sequenciamento, definição de recursos por atividade, estimativa de duração e montagem até controle do cronograma.

Procuramos identificar cada etapa do planejamento, dando a você uma visão detalhada de cada processo. Sempre que possível, exemplos práticos são utilizados para facilitar o entendimento do conceito. Dividimos este livro em oito capítulos. O primeiro mostra como funciona o processo de definição de atividades a partir de um escopo previamente combinado.

O segundo capítulo demonstra as várias formas de como pode ser feito o sequenciamento de atividades do projeto. O terceiro e o quarto capítulos se preocupam com a estimativa de recursos e de duração para cada uma das tarefas definidas, além de explicar como tratar o cálculo e as dificuldades inerentes a esse tipo de estimativa.

O quinto capítulo discute o desenvolvimento do cronograma com base nas informações obtidas nos capítulos anteriores. São mencionadas técnicas e ferramentas para montagem do cronograma do projeto, considerando o cálculo do caminho crítico e técnicas de aceleração.

O sexto capítulo diz respeito ao controle do cronograma. Uma vez gerado, ele precisa ser gerenciado e atualizado à medida que as tarefas forem sendo executadas. Em gerenciamento do tempo, não basta planejar.

O sétimo e oitavo capítulos tratam de alguns tópicos avançados em gerenciamento do tempo em projetos, mais particularmente da análise de valor agregado e da corrente crítica respectivamente. São temas atuais e que precisam ser mais divulgados, gerando mais opções de planejamento e controle para projetos.

Esperamos com este livro transmitir um pouco da nossa experiência na disciplina e na arte de gerenciar tempo em projetos. Não se trata somente de montar um cronograma, mas de como gerar valor real para o gerenciamento do projeto. Nosso desejo é que você possa fazer analogias com seu cotidiano e aproveitar ao máximo a leitura.

1 Definição das atividades

Este capítulo pretende mostrar como se obter, de forma concisa, a lista de atividades pertinentes ao projeto a ser executado. Você perceberá que, embora pareça um processo óbvio, a forma de obtenção das atividades pode ser de várias maneiras, mas sempre com base no escopo do projeto.

Definir as atividades que farão parte do cronograma é o primeiro processo de gerenciamento do tempo e, portanto, a porta de entrada no gerenciamento de projetos. Assim, o mapa de definição das atividades sofre forte influência de processos de outras áreas envoltas no gerenciamento de projetos e influencia também fortemente os demais mapas de planejamento de tempo, conforme pode ser verificado na figura 2.

Contextualizando o mapa de definição das atividades dentro do gerenciamento do tempo, observamos a forte dependência que o planejamento do tempo tem em relação ao escopo do projeto. Fica muito difícil a definição de atividades sem o conhecimento total do escopo pretendido. Não é impossível, porque isso pode variar de projeto para projeto, mas fica visivelmente dificultada, dado que logicamente é preciso saber antes o que se deseja obter para depois se planejar como conseguir.

Figura 2

DEFINIÇÃO DE ATIVIDADES DO PROJETO

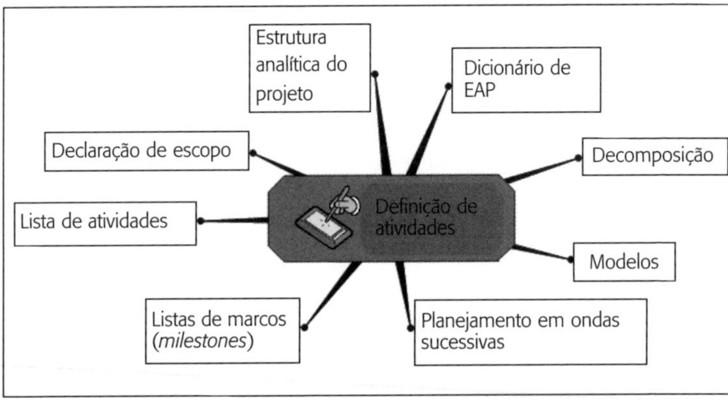

A definição das atividades tem papel fundamental no planejamento, execução e controle de um projeto. É por meio das atividades que se delegam as ações para as pessoas envolvidas no projeto, que se define o trabalho necessário para o cumprimento das entregas prometidas ao cliente e que se fará o cálculo do custo do trabalho para a orçamentação do projeto.

Os atrasos ou antecipações durante a execução também acontecerão nas atividades. É aí que podem ocorrer possíveis variações de custo e qualidade que deverão receber ação gerencial corretiva dos gerentes do projeto, se necessário, como veremos mais à frente.

Além disso, somente após as atividades definidas podemos executar os processos seguintes do gerenciamento de tempo, fazendo o sequenciamento e a estimativa de duração de tempo. Resumindo, as atividades são as menores células gerenciais de um projeto e devem ser cuidadosamente planejadas e documentadas. Por meio de sua realização são produzidos os subprodutos do projeto, identificados pela gestão de escopo. Ou seja, devemos definir quais as ações necessárias para se cumprir cada uma das entregas definidas e, consequentemente, o projeto como um todo. Essa reconhecida influência do escopo do projeto pode ser vista a seguir.

A influência do escopo

Não somente o gerenciamento do tempo, mas todas as áreas do gerenciamento de projetos têm no escopo do projeto a base para seu planejamento. Mas no caso específico do gerenciamento do tempo e, principalmente, no momento da definição das atividades, essa influência é determinante. Três itens derivados da gestão de escopo são fundamentais como insumos para o processo de definição das atividades:

- declaração de escopo do projeto;
- estrutura analítica do projeto (EAP);
- dicionário da EAP.

Ou seja, precisamos do documento de objetivo do projeto, de sua estrutura analítica (EAP) e da descrição dos itens que a compõem para determinarmos as atividades do projeto. Somente com base nesses documentos podemos decompor os entregáveis do projeto em atividades. Tal decomposição é, na verdade, uma extensão da decomposição feita para geração da EAP, porém voltada para as atividades que serão realizadas (não focando nos produtos a serem entregues).

O objetivo do projeto, materializado pela declaração de escopo, contém a estratégia da organização para o projeto, informação crucial para o desenvolvimento da EAP, para a definição das atividades e o restante dos processos de planejamento.

A EAP, como ferramenta de detalhamento do escopo, possui as seguintes funções para o gerenciamento do tempo:

- melhorar a precisão das estimativas de tempo;
- auxiliar na definição de uma linha de base para medir e controlar o desempenho;
- possibilitar acompanhamento e controle do prazo do projeto tanto pelo "todo" quanto por entregas.

Figura 3

EXEMPLO DE DECOMPOSIÇÃO DA EAP ATÉ O NÍVEL DE ATIVIDADES

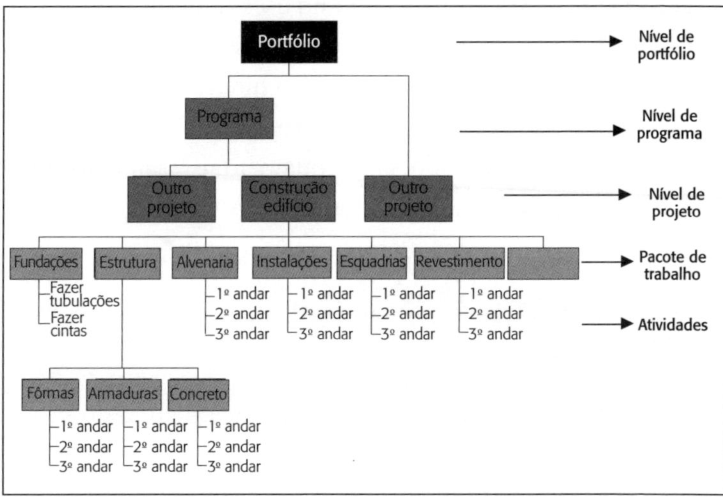

A decomposição, como ferramenta das atividades, é definida pelo *PMBOK*® (PMI, 2004) como "a subdivisão dos pacotes de trabalho do projeto em componentes menores e mais facilmente gerenciáveis, chamados de atividades do cronograma". Explicando: devemos abrir os pacotes de trabalhos definidos pela EAP em atividades, determinando assim as ações necessárias para se cumprir cada uma das entregas do projeto. Teríamos, então, uma visão gráfica da EAP até o nível de atividades, como pode ser observado na figura 3.

A definição das atividades, na prática, pode ser confundida com o desenvolvimento da EAP, já que o detalhamento do escopo é um processo gradativo e constante durante o planejamento. Portanto, não é errado afirmar que com a definição das atividades concluída teremos um conhecimento maior do escopo e poderemos optar por revisar a EAP criada inicialmente.

Porém, essa linha tênue que divide a criação da EAP e a definição das atividades pode fazer com que tenhamos dificuldade ou que confundamos os dois conceitos. Tomemos o pacote de trabalho da EAP anterior como exemplo e vejamos as duas situações a seguir.

Figura 4

Diferenças entre as decomposições da EAP e da definição de atividades

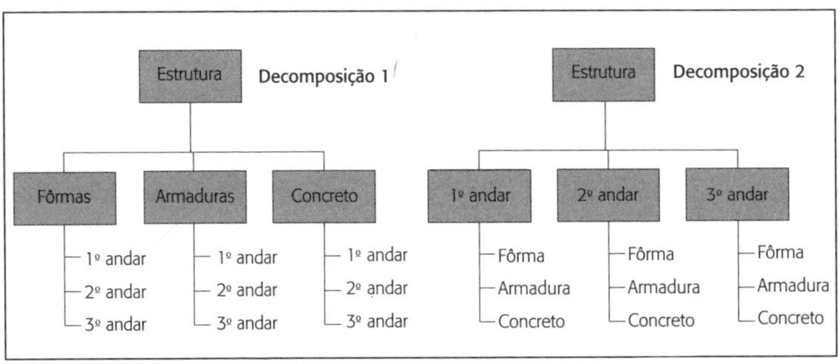

Qual a diferença entre as duas decomposições da figura 4? Na primeira, os pacotes de trabalho são fôrmas, armaduras e concreto, e as atividades são representadas pela execução destas para o 1º, 2º e 3º andares. Na segunda, os pacotes de trabalho são os andares, enquanto as atividades são as execuções das fôrmas, armaduras e concreto para estes.

Observado o exemplo, podemos concluir que tanto faz agruparmos as atividades por andar ou natureza do trabalho, e assim poderíamos "transformar" uma atividade em pacote de trabalho e vice-versa. Porém, quando focamos nas definições de pacote de trabalho e atividades, começam a surgir diferenças. Um pacote de trabalho é uma entrega do escopo do projeto e as atividades são as ações necessárias para cumpri-lo. Portanto, a primeira decomposição da entrega possui subentregas diferentes da segunda, apesar de o custo, prazo e trabalho das duas serem virtualmente os mesmos; e isso muda tudo.

Na primeira decomposição, somente se fará entrega e validação dos pacotes de trabalho que compõem a estrutura quando os três andares estiverem prontos, enquanto na segunda decomposição as entregas são sequenciais no tempo, já que a estrutura é feita andar por andar. Assim, a segunda decomposição possui as entregas alinhadas com a sequência executiva do projeto. O que poderia ser uma opção interessante, caso tenhamos o prazo como fator importante do projeto, ou se as entregas parciais estiverem associadas aos pagamentos do projeto.

A primeira opção talvez seja de mais fácil gerenciamento, se analisarmos os aspectos ligados à qualidade técnica do produto do projeto, como cronograma de concretagem e reaproveitamento de fôrmas entre os andares. Porém, nos dois casos, o trabalho do projeto é o mesmo, e o que os difere é a forma com que o organizamos em entregas diferentes. A organização deve seguir, principalmente, a estratégia materializada no documento de declaração do escopo, e teríamos a EAP e suas respectivas atividades representadas da melhor maneira segundo as características do projeto.

Até onde detalhar a lista de atividades? Seria recomendável um leque muito grande de atividades ou um mínimo necessário para a execução do projeto? Quais as vantagens e desvantagens de trabalhar com cada uma dessas abordagens? Apresentamos a seguir uma análise de até onde devemos ir com a definição de atividades do ponto de vista da precisão gerencial desejada. Analisamos também que tipo de influência sobre o planejamento e controle do projeto essa decisão pode exercer.

Precisão gerencial versus definição das atividades

A EAP tem a função de melhorar a precisão das estimativas de duração das atividades, o que é fundamental para o gerenciamento do tempo. Quanto mais detalhadas a EAP e a definição das atividades, maior será o número de entregas e atividades estabelecendo o projeto. Teríamos um grande número de atividades de pequena duração, o que faria nossa estimativa de tempo das atividades mais precisa, aumentando a precisão do cronograma.

Esse detalhamento também aumentaria a precisão gerencial, já que planejaríamos e controlaríamos um projeto com grande número de atividades que representariam mais fielmente cada uma das ações do projeto.

Mas essa precisão tem um preço. Quanto maior o número de atividades, maior o trabalho gerencial para planejar e controlar o projeto, o que tornaria necessário uma grande equipe e uma excelente comunicação para lidar com o extenso número de pequenas atividades.

Cabe ao gerente analisar a organização e a maturidade do ambiente onde o projeto está inserido e inferir sobre a real capacidade gerencial e de comunicação de que seu gerenciamento de projetos dispõe, adaptando sua precisão gerencial a esta realidade por meio do detalhamento da EAP e suas atividades. Há o caso inverso, no qual o projeto tem grande importância ou envolve valores financeiros altos, que justificariam e financiariam um maior detalhamento gerencial e a estrutura de pessoal e comunicação necessária para tal.

É recomendável que sejam mais detalhadas as entregas cuja importância seja crucial para o projeto, tanto técnica quanto gerencialmente. Logo, em um projeto onde o prazo tem importância relevante, seria de grande valia um detalhamento maior das entregas e das atividades que compõem seu caminho crítico, conforme veremos durante a leitura deste livro. Isso promove um crescimento da precisão gerencial nas partes que diretamente contribuem para o prazo do projeto.

A mesma ideia se aplica para entregas de maior custo em um projeto no qual esse fator é mais relevante e para as entregas tecnicamente mais importantes quando a qualidade do produto tiver destaque. Recomenda-se, para empresas de baixa maturidade em gerenciamento de projetos, que se busque o detalhamento gerencial mínimo necessário, o que se traduziria em um número reduzido de entregas e, principalmente, de atividades na definição do projeto.

Em 2001, o PMI[1] lançou o *practice standard for work breakdown structure*, no qual alguns aspectos e recomendações referentes ao nível de detalhamento da EAP e atividades são tratados. Destacamos os seguintes tópicos no que diz respeito ao detalhamento das atividades:

- deve ser suficiente para se fazer a estimativa de duração, trabalho e custo da atividade;
- deve ser suficiente para se definir as interdependências entre as atividades;
- deve ser suficiente para se fazer a alocação da atividade para um recurso;
- deve fazer com que a duração das atividades não exceda o período de reporte definido no plano de comunicação;
- deve fazer com que a duração das atividades esteja entre 1% e 10% da duração total do projeto.

---

[1] Project Management Institute (PMI), referência mundial em gerenciamento de projetos, com sede nos EUA e que visa fomentar as melhores práticas na área, contribuindo para o aumento do profissionalismo da carreira de gerente de projetos.

Os aspectos aqui descritos servem como recomendação, cabendo ao gerente do projeto o melhor balanceamento entre o detalhamento da EAP e das atividades do projeto em função da precisão gerencial desejada e de acordo com a característica do projeto e do ambiente em que ele será executado. É importante lembrar que alguns modelos de EAP estão disponíveis, podendo ser utilizados para facilitar a criação de uma lista de atividades pertinentes ao projeto, como descrito a seguir.

Modelos de EAP para definição de atividades

Como acontece para o desenvolvimento da EAP, é factível que durante a definição das atividades tenhamos condição de padronizar certas partes do projeto, que é único, não cabendo padronização do todo. Assim, como complemento da possibilidade de termos modelos de EAP, podemos igualmente ter modelos de EAPs com suas respectivas atividades, que serviriam de base para o detalhamento daquela entrega.

Essa padronização de atividades, apesar de limitada em relação ao todo das atividades do projeto, tem grande importância para o gerenciamento de projetos, já que por meio dela teríamos condição de comparar sua utilização nas diversas entregas ou entre projetos, abrindo caminho para a criação do histórico da atividade. Com o histórico teríamos mais informações para diminuir a incerteza do planejamento, principalmente na estimativa de duração das atividades, além de um planejamento das diversas áreas com maior precisão.

Outro comentário válido é que, para estruturas gerenciais como os chamados escritórios de projetos,[2] essa padronização é fundamental para alimentar os processos de lições aprendi-

---

[2] Escritórios de projetos são normalmente conhecidos no mercado por meio de seu termo em inglês: *project management office* (PMO).

das e melhoria contínua, já que possibilitam a definição de métricas no âmbito da gerência do projeto, programa e portfólio.

A possibilidade de padronização depende muito da natureza técnica do projeto e das áreas onde o produto do projeto é mais facilmente mensurável. Se a tecnologia que define a execução não mudar com grande frequência, ficam mais fáceis a padronização e o uso de modelos. É o caso da engenharia civil, por exemplo, que como qualquer outra área tem projetos únicos, porém tecnicamente semelhantes. Nesse caso usam-se as chamadas "composições", exemplos de modelos de EAP e de atividades, em que para a execução de uma parede de alvenaria se obtêm facilmente no mercado (ou nas literaturas especializadas) as atividades necessárias, índices de produtividade de recursos e até o consumo de materiais.

A utilização de marcos (milestones)

Os marcos são atividades especiais constantes do cronograma, com função não de exprimir uma ação, mas sim um evento pontual no tempo. Um marco é uma atividade sem duração e, consequentemente, sem trabalho e custo, não tendo um recurso com a função de executar uma ação.

São, na verdade, datas no cronograma representativas de eventos importantes para o projeto, também conhecidos como *milestones*. Podem ser de vários tipos:

- entrega do produto ou serviço resultante, sendo, portanto, a data final do projeto;
- entrega dos pacotes de trabalho da EAP, sendo a data de término destes;
- reuniões, apresentações, eventos de importância no projeto que mereçam uma representação e acompanhamento da sua data no cronograma;

- eventos pontuais, cuja duração seja tão pequena que não compense uma representação temporal no cronograma, mas cujo registro pontual seja importante, tais como recebimento de relatórios e validação das entregas do projeto;
- datas importantes ou restrições do projeto, como fechamento de contrato e datas preestabelecidas de paradas de manutenção;
- interface com eventos externos ao projeto, como recebimentos de material, equipamentos e toda e qualquer ação que não faça parte do escopo do projeto, mas cujo resultado influencie alguma atividade deste.

Fazendo uso das *milestones* podemos obter visualizações simplificadas, onde um cronograma de marcos representando as entregas da EAP daria uma visão temporal destas. Assim, teríamos um pacote de trabalho representado por um elemento da EAP, as atividades e o marco representativo da sua entrega, conforme figura 5.

Figura 5

MARCO REPRESENTANDO UMA ENTREGA NA EAP

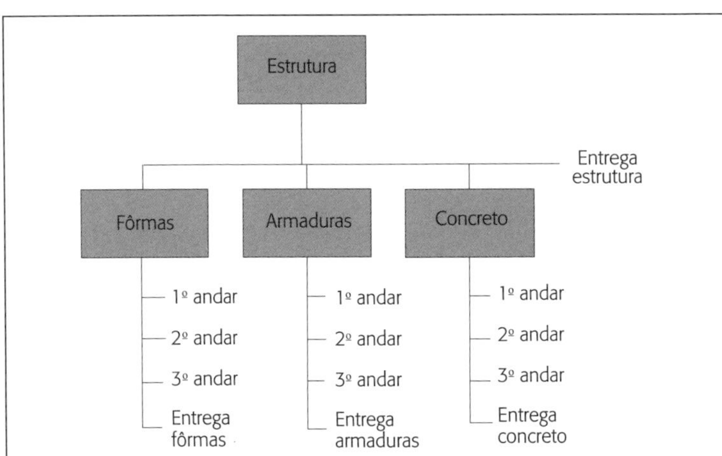

O marco de maior importância para o gerenciamento do tempo é a entrega final do projeto. Além de compor a EAP como um elemento de gerência do escopo, o marco tem uma função específica para o processo de sequenciamento das atividades, como veremos nos próximos capítulos, onde a divisão da rede por meio do método de diagrama de precedências precisa que todas as atividades possuam uma sucessora direta.

Porém, como algumas atividades não têm uma sucessora no processo técnico, elas se ligariam ao marco de final de projeto que faria da rede de precedências uma malha fechada, característica necessária para o bom sequenciamento. Para facilitar a identificação dos itens do projeto, recomendamos a descrição dos pacotes de trabalho por substantivos, já que são entregas; as atividades por verbos no presente, já que são ações; e os marcos, por verbos no passado e substantivos, conforme o exemplo a seguir:

- pacote de trabalho — alvenaria;
- atividade — executar alvenaria do cômodo 1;
- marco — alvenaria entregue.

O planejamento em ondas sucessivas

O trabalho de elaboração e detalhamento do escopo (e posteriormente das atividades) do projeto é progressivo, realizado desde a fase de iniciação e planejamento do projeto e feito até durante a execução e controle, já que nossa incerteza sobre o projeto vai diminuindo com o passar do tempo. Porém, precisamos definir a EAP e as atividades em um nível tal que fiquemos confortáveis para desenvolver o restante do planejamento, mesmo que só se consiga obter as informações necessárias para um detalhamento mais preciso depois.

É nesse cenário que se encaixa o planejamento em ondas sucessivas (*rolling wave planning*) que, de acordo com o *PMBOK®* (PMI, 2004),

> é uma forma de planejamento de elaboração progressiva em que o trabalho que será realizado a curto prazo é realizado em detalhes em um nível baixo da EAP, enquanto o trabalho distante no futuro é planejado para os componentes da EAP que estão em um nível relativamente alto.

Portanto, planeja-se a etapa atual em detalhes e as seguintes serão detalhadas baseadas nas informações consequentes da execução atual, e assim sucessivamente. O planejamento das etapas seguintes é chamado de *rolling wave planning window* (figura 6), onde se define a janela de planejamento em unidades de tempo, ou baseando-se em marcos gerenciais definidos na EAP ou cronograma de nível macro.

Figura 6

EXEMPLO DE *ROLLLING WAVE PLANNING WINDOW*

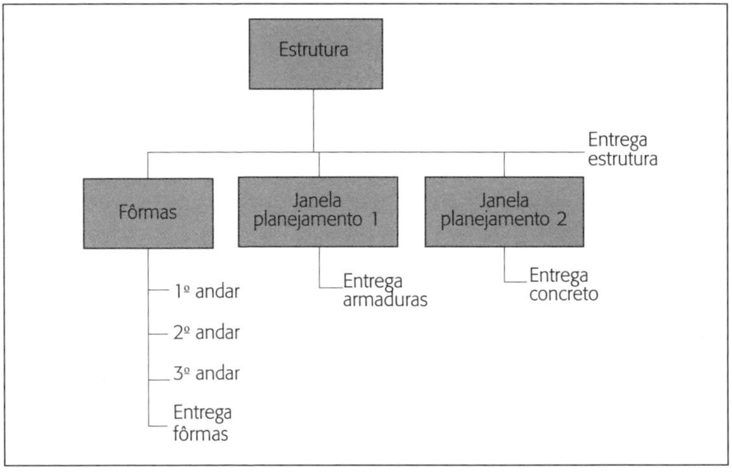

Assim como a incerteza faz com que o escopo do projeto seja detalhado em uma fase após a realização da anterior, há o caso mais complexo no qual só conseguimos determinar o escopo do projeto nas fases seguintes, quando realizamos as anteriores e a partir das informações destas podemos planejar o próximo passo.

Planejamento em projetos de escopo aberto

Os chamados projetos de escopo aberto são aqueles nos quais só se consegue a definição do escopo total do projeto perto do fim. Nesses casos extremos, o planejamento é muito prejudicado na sua precisão, já que o planejamento de tempo, custo, recursos, qualidade e demais áreas é dependente de um escopo fechado e qualquer mudança nele acarretará mudanças nessas outras áreas.

Esse fenômeno não é tão incomum quanto se possa pensar. Na verdade, é o cotidiano vivido por muitas empresas, em que o cliente é externo à organização executora. Devido ao ambiente altamente competitivo, é necessária a preparação rápida de uma proposta comercial para o projeto sem muitas vezes ter a totalidade das informações necessárias para o fechamento do escopo e, consequentemente, para a definição do prazo, custo e demais variáveis do gerenciamento de projetos.

Assim, assume-se um risco comercial acrescentando-se margens maiores, que se traduzem em preços altos, para compensar essa incerteza.[3] Após a proposta aceita, o planejamento é feito usando-se as ondas sucessivas para manter os valores do projeto dentro das margens acordadas comercialmente.

---

[3] O tópico relativo à incerteza é novamente abordado neste livro, com maior nível de detalhe no capítulo relativo à corrente crítica, incluindo as chamadas margens de tempo utilizadas para compensação de estimativas.

Há ainda o caso em que a incerteza do escopo é de natureza técnica. É possível conhecer o produto do projeto, mas só se conseguirá definir como fazê-lo durante a execução, sendo que as informações provenientes de uma fase determinarão o que se fará em seguida. Isso representa novamente o caso do "escopo aberto", onde a incerteza do escopo diminui com a execução do projeto, porém em um grau mais acentuado. Mesmo assim, o planejamento em ondas sucessivas é usado para as fases seguintes — definidas ao término das anteriores — e é totalmente orientado pelo resultado da execução.

Em casos assim, é de grande importância o acréscimo no cronograma de pontos de controle (marcos) que determinam o evento de encerramento de uma fase e detalhamento das seguintes.

Vimos a importância de uma correta definição de atividades como passo inicial para a montagem do cronograma e consequente gerenciamento do projeto. Nos próximos capítulos estaremos estruturando ainda mais esse planejamento, formando a base do que se espera de um bom plano de gerenciamento do tempo.

2 Sequenciamento de atividades

Este capítulo tem o objetivo de demonstrar a forma como pode estar sendo estruturado o sequenciamento das atividades do projeto, levando à geração do que chamaremos de diagrama de rede. Após o conjunto de atividades pertinentes e necessárias ao projeto ter sido definido com base na EAP, é necessário que se represente essa lista de atividades em uma determinada ordem lógica, que faça sentido em relação ao trabalho a ser realizado. Assim, é possível uma correta visualização de como o projeto deverá transcorrer. O nome que se dá a esse processo é sequenciamento de atividades.

O processo de sequenciamento

Por meio do processo de sequenciamento passa a ser viável a identificação dos diversos relacionamentos lógicos entre atividades, em função das relações de precedência adequadas. É preciso não só representar, mas documentar todos os tipos de relacionamento, suas eventuais exigências de antecipações ou atrasos, e tudo que se faça necessário para que o desenvolvimento do cronograma seja feito da maneira mais realista possível.

Embora recomendado, o uso de um programa de computador para geração do sequenciamento não é obrigatório. A decisão de usar ou não um programa para representar as diversas atividades e suas dependências é do gerente do projeto e, normalmente, varia em função da sua natureza. Evidentemente, é possível gerar um diagrama de rede com todas as atividades e suas diversas inter-relações corretamente demonstradas, sem fazer uso de um programa que automatize essa função. Mas hoje essa ação não faz muito sentido, dada a quantidade de produtos disponíveis no mercado, incluindo essa e outras funções embutidas.[4]

A relação custo/benefício desse tipo de programa tem se tornado progressivamente mais acessível, principalmente em função da complexidade e do tamanho de determinados projetos.

O objetivo final do sequenciamento das atividades é a obtenção de um diagrama de rede completo, compreendendo todas as atividades do projeto e suas diversas inter-relações. Para tanto, com o intuito de tentar minimizar problemas futuros indesejáveis e, ao mesmo tempo, maximizar as chances de sucesso do sequenciamento, é importante que o gerente do projeto e sua equipe estejam preparados com todos os documentos, processos e ferramentas necessários para a geração do diagrama de rede (figura 7). Quanto maior o tempo gasto com planejamento em todas as fases do ciclo de vida do projeto, maiores as chances de sucesso deste (Cleland, 1999).

[4] Exemplos de softwares de gerência de projeto que apresentam diversas funções ligadas a gerenciamento de tempo, incluindo sequenciamento de atividades: Pert Chart Pro©, MS-Project©, Primavera©, Artemis©, entre outros disponíveis no mercado.

Figura 7

MAPA DO SEQUENCIAMENTO DAS ATIVIDADES EM PROJETOS

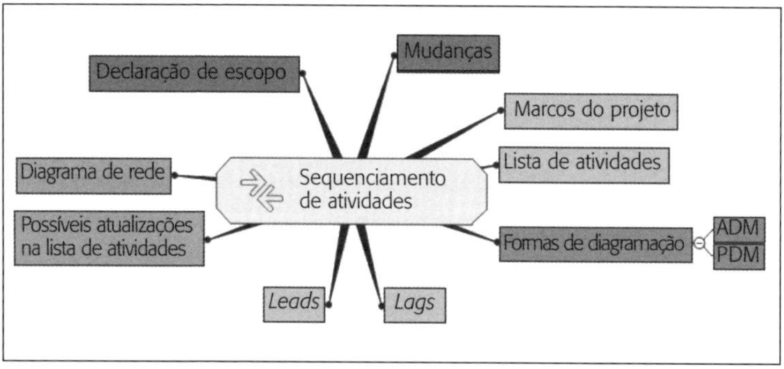

A primeira preocupação do gerente é coletar e ter à disposição os documentos necessários para o trabalho de sequenciamento de atividades. Tais documentos incluem a declaração de escopo do projeto, a lista de atividades obtida por meio da decomposição da EAP, os possíveis marcos (*milestones*) impostos pelos diversos *stakeholders* do projeto e as mudanças solicitadas.

A declaração de escopo é fundamental, já que o gerente precisa ter uma visão muito clara do produto ou serviço a ser desenvolvido, incluindo suas características, premissas assumidas, restrições etc. O que não faz parte do escopo também precisa estar bem claro na declaração, para facilitar o entendimento do projeto e viabilizar um diagrama de rede coerente com a realidade do produto a ser desenvolvido.

A lista de atividades inicialmente obtida por meio da EAP pode ser alterada durante o processo de sequenciamento de atividades. Na verdade, é muito comum que isso aconteça, já que durante o processo de geração do diagrama de rede novas atividades ou etapas acabam surgindo. Esse fenômeno acontece de forma recursiva em sua essência. Ou seja, o processo de sequenciamento de atividades altera naturalmente a lista de atividades obtida originalmente e vice-versa.

Os marcos de projeto (*milestones*) podem ter sido sugeridos pelo cliente do produto em questão ou por qualquer outro *stakeholder*[5] envolvido. Podem aparecer no formato de datas-chave opcionais ou obrigatórias (exigidas em contrato) ao projeto, que não possuem tecnicamente nenhum tipo de recurso associado, mas acabam determinando uma restrição à sua execução.

Em um primeiro momento, pode se tornar muito difícil a correta preparação e visualização de toda a rede de precedências do projeto, em virtude da complexidade e do tamanho deste. Nesses casos, é muito comum a preparação de um diagrama de rede macro do projeto e, à medida que as fases vão evoluindo, a montagem do diagrama detalhado fase a fase. A opção por um planejamento progressivo é muito comum em empreendimentos complexos, com listas de atividades muito grandes.

As mudanças solicitadas pelo próprio cotidiano do projeto, uma vez aprovadas e fazendo parte da linha de base de performance,[6] podem e devem ser incorporadas ao diagrama de rede do projeto. A recíproca também é verdadeira. O processo de sequenciamento também pode gerar mudanças para o projeto como um todo, em função de necessidades durante o planejamento e manipulação de cada atividade e suas inter-relações.

Para a construção do diagrama de rede, vários tipos de ferramentas estão disponíveis. Seu uso depende do tipo de aplicação que se queira obter com o diagrama. Porém, para cons-

---

[5] *Stakeholder*: indivíduo, grupo de indivíduos ou organizações que de alguma forma podem afetar ou ser afetados pelo projeto. Normalmente apresentados na literatura como "os interessados" no projeto, podendo influenciá-lo de maneira positiva ou negativa.

[6] Linha de base de performance (performance *baseline*): formada pelo conjunto de linhas de base de escopo, tempo e custos do projeto.

trução do diagrama, alguns tipos de relações de precedência entre atividades devem ser considerados.

Esses tipos de dependência determinam a forma como cada atividade se inter-relaciona com sua sucessora. Existem, basicamente, quatro tipos de relações de precedência entre atividades, como mostra a figura 8.

Figura 8

TIPOS DE RELAÇÕES DE PRECEDÊNCIA

Fim-início (*finish-to-start* ou *FS*) – a atividade sucessora só começa após o término da atividade predecessora.	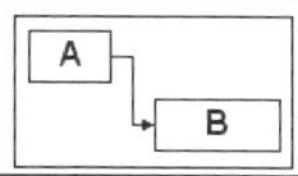
Início-fim (*start-to-finish* ou *SF*) – a atividade sucessora só termina após o início da atividade predecessora.	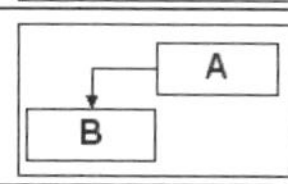
Início-início (*start-to-start* ou *SS*) – a atividade sucessora só começa após o início da atividade predecessora.	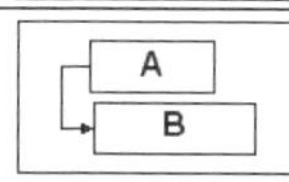
Fim-fim (*finish-to-finish* ou *FF*) – a atividade sucessora só termina após o fim da atividade predecessora.	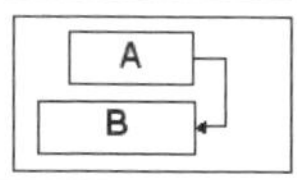

As relações de precedência explicadas precisam ser demonstradas para que seja possível o exercício de sequenciamento das atividades. O objetivo principal é a geração de um diagrama de rede, conforme veremos adiante.

Métodos de diagramação

Existem basicamente três tipos de métodos de diagramação: ADM, PDM e CDM.

ADM

Originalmente inventado nos anos 1950, o método de diagrama de setas, também chamado de ADM (*arrow diagramming method*) ou AOA (*activity-on-arrow*), apresenta um formato no qual as setas representam as atividades e os nós representam as dependências entre elas.

Tal tipo de diagramação pode sugerir uma difícil visualização a princípio, mas durante muitos anos foi amplamente utilizada, principalmente em projetos de engenharia e pesquisa operacional, buscando otimização de tempo e custos por meio de cálculos e algoritmos ligados à programação linear.

Deve ser dada a devida importância ao nó (ou evento), já que ele representa a situação em que todas as suas atividades predecessoras estão completas e todas as suas atividades sucessoras podem ser iniciadas. Ao evento normalmente associa-se a data de ocorrência ou um marco do projeto. No caso da montagem de um determinado equipamento em uma fábrica, o nó pode representar o marco em que o equipamento está pronto. O diagrama ADM ajuda muito na visualização desse tipo de projeto.

Na figura 9 temos o exemplo de utilização de um diagrama ADM sem escala representando um projeto de café da manhã.

Figura 9

Exemplo de diagrama de rede com método ADM sem escala

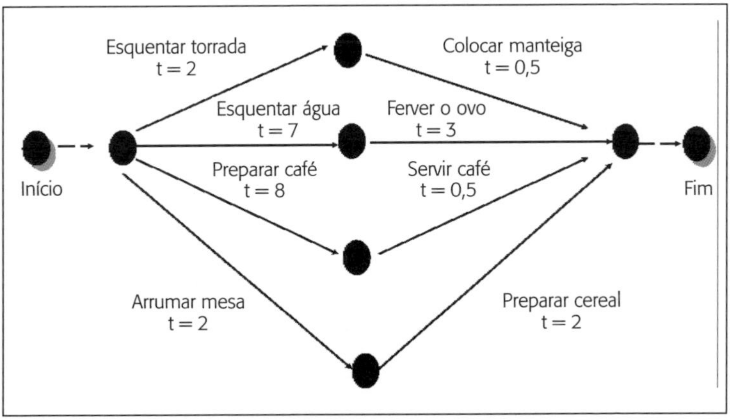

O método ADM prevê o uso apenas de relações de precedência do tipo fim-início entre suas atividades e pode ser construído com ou sem um formato em escala. A escala permite melhor visualização de cada atividade dentro de uma escala de tempo, mas não é a forma mais comum de representação. Até porque, até a década de 1960, os trabalhos de programação eram realizados manualmente, o que representava um tremendo trabalho de redesenho a cada mudança de programação.

O manuseio em escala acaba sendo pouco conveniente, até para visualização em programas de computador. Isso fez com que o diagrama ADM sem escala se popularizasse. No novo formato, o tamanho da seta já não era tão importante e nem proporcional à sua duração. Conforme o projeto vai sendo executado e as modificações vão ocorrendo, basta alterar os valores nas setas.

Além disso, o método de diagrama de setas pode fazer uso das chamadas atividades fantasmas (*dummy*), conhecidas por não consumirem nem tempo nem recursos. Elas só estão presentes para demonstrar uma relação de dependência entre atividades que de outra forma não poderia ser representada em um diagrama do tipo ADM. Normalmente, essa atividade é representada na forma de uma linha tracejada, indicando a dependência. As atividades propriamente ditas do diagrama possuem um título e uma estimativa de tempo associados.

Como pode ser observado na figura 10, as atividades fantasmas são de extrema importância nesse tipo de diagrama, pois de outra forma não seria possível representar uma relação de dependência, por exemplo, entre as atividades D e C.

Figura 10

EXEMPLO DE DIAGRAMA DE REDE COM ATIVIDADE FANTASMA

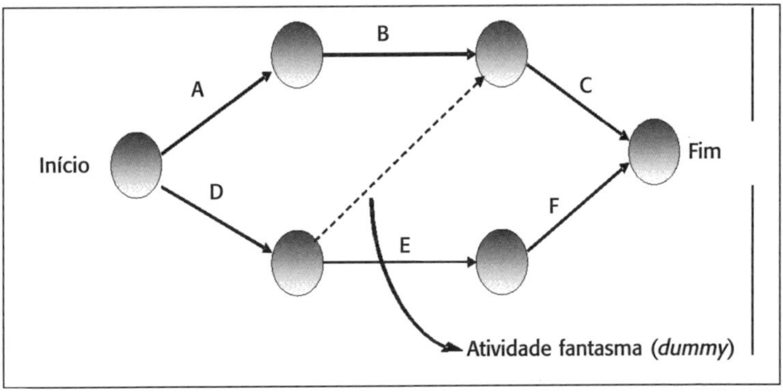

PDM

O método do diagrama de precedências foi introduzido entre 1962 e 1964 pela Stanford University, por meio do dr. John Fondahl. A Marinha dos Estados Unidos lhe encomendou um método mais flexível e que, ao mesmo tempo, resolvesse a necessidade do uso das atividades fantasmas.

O tipo de diagramação sugerido por Fondahl oferecia uma clara vantagem em relação ao método de diagrama de setas, uma vez que as atividades estão representadas nos nós e as relações nas setas. Isso facilita muito a visualização do diagrama e suas interdependências, conforme pode ser observado na figura 11, tornando o processo de planejamento mais intuitivo e prático. Em função do desenho formado, esse método também é chamado de PDM (*precedence diagramming method*) ou AON (*activity on node*). Esse tipo de representação é o mais comum em quase todos os softwares de planejamento do mercado.

Figura 11

EXEMPLO DE DIAGRAMA PDM

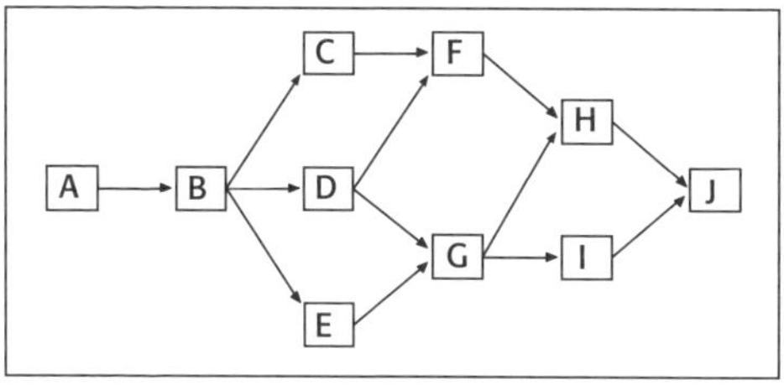

Conforme explicado, com esse método não existe a necessidade de utilização de atividades *dummy*. Além disso, é possível fazer uso de outros tipos de relações de precedência que não somente fim-início. Tal característica permite maior flexibilização do diagrama de rede, com relações demonstradas de várias formas em função da necessidade de cada projeto e situação. Por meio de softwares de planejamento, como o MS-Project©, é possível indicar o tipo de relacionamento desejado para cada atividade: fim-início, início-início, fim-fim, início-fim, conforme exemplificado na figura 12.

Figura 12

EXEMPLO DE CONFIGURAÇÃO DE RELAÇÃO DE PRECEDÊNCIA USANDO O MS-PROJECT©

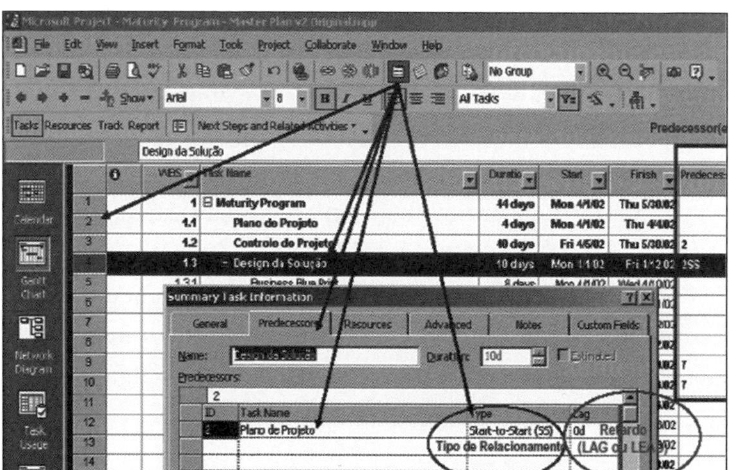

Não é incorreto afirmar que a migração para esse tipo de diagramação, e até mesmo de outras técnicas de planejamento mais sofisticadas, aconteceu em paralelo com a evolução do poder da informática, permitindo maior poder de processamento e cálculo das diversas representações de projetos.

CDM

Outro tipo muito menos utilizado de diagrama de rede, mas que também deve ser mencionado, é o método de diagrama condicional ou *conditional diagramming method* (CDM). O conceito foi apresentado em meados dos anos 1960 como um procedimento para análise de redes com atividades que necessitam de diferentes distribuições probabilísticas. Sua representação mais comum é feita por meio da técnica conhecida como Gert (*graphical evaluation and review technique*), na qual é possível a inclusão de derivações probabilísticas, múltiplas saídas, desvios condicionais, efeitos recursivos e nós com repetição de eventos (*loops*).

As características desse tipo de diagramação a tornam bastante flexível e adequada a projetos de pesquisa e desenvolvimento. No âmbito comercial é muito difícil observar aplicações que usem esse conceito. É possível também que o gerente faça uso de diagramas de rede montados anteriormente para projetos semelhantes ou até mesmo provenientes de seus fornecedores.

Embora cada projeto seja único em sua característica e objetivo, não é incomum o uso de outros diagramas ou parte deles como modelos, de forma a facilitar o planejamento. Essas "partes" de modelos de rede são conhecidas como *fragnets* ou *subnets*. Sua aplicação é útil em projetos nos quais algum grupo de entregas é parecido, como na figura 13.

Figura 13

EXEMPLO DE GRÁFICO CDM (GERT)

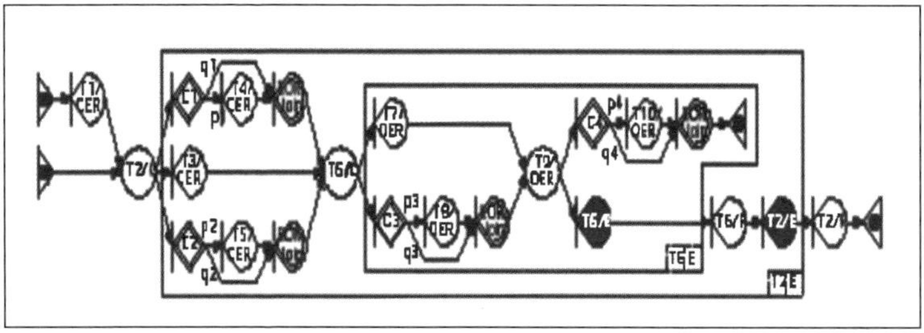

Para que possa ser desenhada a correta sequência de atividades, é necessário o conhecimento dos tipos de dependência entre as atividades, como veremos a seguir.

Tipos de dependências

Existem três tipos de dependências que definem uma sequência entre atividades:

- dependências obrigatórias — inerentes à natureza do trabalho que está sendo realizado. Normalmente envolvendo limitações físicas, são também chamadas de *hard-logic*. Um exemplo de dependência obrigatória é o fato de que é preciso construir uma parede antes de poder pintá-la;
- dependências arbitrárias — por não serem obrigatórias, em geral são aquelas com base nas melhores práticas de mercado (*soft*) ou em função de um desejo da equipe de projeto (*preferential*). Um exemplo é desenvolver um determinado módulo de um sistema antes de outro que também pode ser desenvolvido mais cedo. Ambas as sequências são aceitáveis, mas a equipe de projeto se sente mais confortável com uma lógica específica (em função de experiências de suces-

so em projetos anteriores, por exemplo). Outro exemplo seria iniciar a infraestrutura de uma casa pela parte elétrica antes da hidráulica ou vice-versa. Como esse tipo de dependência pode gerar folgas arbitrárias no projeto, é fundamental que seja documentada;

- dependências externas — são aquelas que envolvem relações de dependências entre atividades de dentro e de fora do controle do projeto. Os exemplos mais comuns são atividades ligadas ao governo que acabam por influir no andamento do projeto (licenças ambientais, leis etc.). Muitas atividades e projetos atrasam em função do desconhecimento ou até descaso por parte da equipe e do gerente de projeto, de atividades que mantêm algum tipo de dependência externa com o projeto.

Leads e lags

É fundamental também que sejam considerados, pela equipe técnica do projeto, antecipações (*leads*) ou atrasos (*lags*) que podem influir na relação lógica entre atividades ou mesmo em sua duração. Essa análise deve ser documentada pela equipe técnica e deve fazer parte integrante do sequenciamento de atividades.

Um *lead* leva à antecipação de alguma atividade sucessora. Em outras palavras, um adiantamento é possível devido a alguma causa externa ou em função de uma decisão da equipe em começar mais cedo um determinado módulo do projeto, mesmo sem ter terminado o anterior.

Um *lag* sugere um atraso em atividade sucessora. Em outras palavras, alguma atividade ou evento pode necessitar de algum tipo de retardo que deve ser considerado em época de planejamento e que não pode ser ignorado pela equipe. Um exemplo pode ser uma peça que deve ser recebida pela equipe após passar pela alfândega. Pode ocorrer um atraso de três dias para liberação, que significa que as atividades sucessoras a esse recebimento não podem começar antes de três dias após o recebimento da peça.

A forma de representação de um *lead* ou *lag* em um diagrama de rede do tipo PDM se dá por meio da colocação do tipo de relacionamento (FF, FS, SS, SF) acrescido do tempo de *lead* ou *lag* entre duas atividades. Um exemplo seria: FS + 4; que significaria um relacionamento do tipo fim-início com quatro dias de atraso entre as duas atividades em questão.

Existem alguns problemas conhecidos e que influenciam demais na representação de diagramas de rede. Um deles é o uso excessivo de *leads* e *lags*. Apesar de ser reconhecidamente uma técnica válida e muito usada, seu mau uso pode tornar mais difícil a identificação do real impacto de mudanças no cronograma, já que atrasos e adiantamentos são considerados previamente. Pode falhar também na identificação de que parte de uma atividade sobreposta a outra é verdadeiramente crítica. Ainda mais se for o caso de atividades-sumário, assunto que será abordado a seguir.

Atividades-sumário

Outro conceito importante é o que a literatura trata como uma atividade *hammock* ou sumário de atividades. É comum também a necessidade de representar duas ou mais atividades que estejam interligadas por meio de uma "atividade-mãe" que representa todo o conjunto, conforme a figura 14.

Figura 14

EXEMPLO DE ATIVIDADE *HAMMOCK*

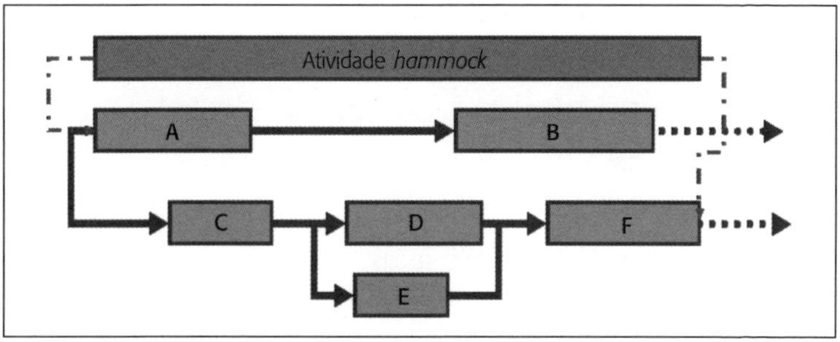

Também é possível que seu uso esteja associado à medição do tempo transcorrido entre as atividades dentro do *hammock*. Uma vez construído o diagrama de rede, é possível também que o gerente ou a equipe de projeto observe que determinada atividade necessária não está presente na lista de atividades previamente descrita e que serviu como base para o sequenciamento lógico. Assim, não é incomum que o sequenciamento também gere novas atividades ou atributos de atividades a serem considerados para a realização do projeto.

Neste capítulo estudamos como pode ser estruturada e visualizada a sequência lógica de atividades no projeto. Geramos um diagrama de rede a partir da lista de atividades, levando em consideração os possíveis adiantamentos, atrasos e relações de dependências. Nos capítulos seguintes serão estimados os recursos e as unidades de tempo necessários ao desempenho de cada atividade.

3 Estimativa de recursos

O ponto principal deste capítulo é a apresentação de como podemos estimar os recursos necessários para cada atividade do nosso diagrama de rede. A partir dessa análise poderemos estimar o tempo de cada atividade. Existe uma íntima relação entre a gerência de recursos humanos e os prazos estipulados, como veremos ao longo deste livro.

A estimativa de recursos das atividades é a determinação dos recursos, assim como as quantidades de cada um que serão usadas e quando cada um estará disponível para realizar todo o conjunto de atividades do projeto. Nesse sentido, o principal insumo para estimar recursos é a própria definição das atividades a serem realizadas, conforme a figura 15.

Outro dado fundamental é a própria disponibilidade dos diversos recursos. Esse tipo de consideração representa uma restrição para o processo de estimativa de recursos e também para todos os demais processos de geração do cronograma, uma vez que precisamos ajustar a demanda das atividades pelos recursos, com a disponibilidade real de tempo destes para o trabalho.

Figura 15

MAPA DA ESTIMATIVA DE RECURSOS EM PROJETOS

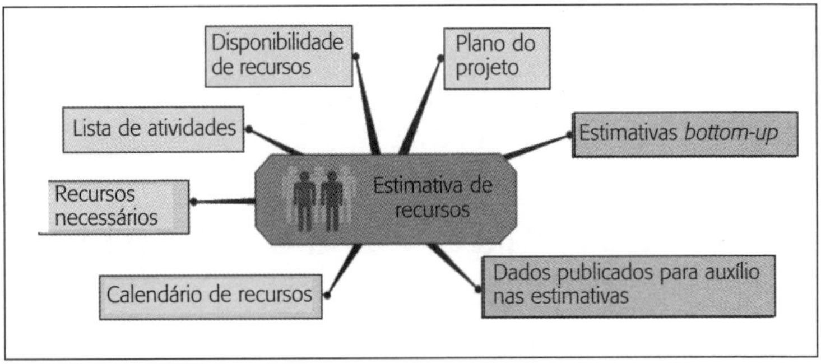

Definição de recurso

Precisamos definir o que é considerado recurso. É tudo que serve para a execução das atividades ou que é consumido por elas. Os recursos que executam as atividades são chamados de recursos de trabalho, nos quais o desempenho (ou produtividade) determina a duração das atividades e, consequentemente, do projeto. Os recursos que são consumidos pelas atividades, como os materiais, não determinam ou influenciam diretamente no andamento das atividades, mas são consumidos pela sua execução. Somente se apresentados em quantidade suficiente, a atividade poderá ser concluída.

Assim, os recursos se enquadram em três grandes grupos: recursos humanos, equipamentos e materiais.

Pessoas e equipamentos são recursos de trabalho, influenciando na duração das atividades, e os recursos materiais consumidos no processo. Dos tipos de recursos, os humanos apresentam papel de destaque no gerenciamento de projetos, sendo normalmente responsáveis pelos impactos positivos e negativos nos projetos em termos de prazo, custo, qualidade e demais fatores. Está na variabilidade do desempenho das pessoas a linha que divide a possibilidade de sucesso ou de fracasso dos projetos, porque são eles os responsáveis pela execução das atividades. É grande a quantidade de fatores que influenciam seu desempenho, assim como o desafio gerencial sobre essa situação.

É preciso lembrar que quem executa as atividades de um projeto são pessoas. E, portanto, quanto maior o conhecimento sobre a equipe e maior a atenção na gestão delas, melhor o desempenho do projeto, tanto no que diz respeito aos prazos de execução, quanto em relação aos demais critérios de sucesso.

Procuramos dar um tratamento aos recursos como executores das atividades, nos atendo principalmente a fatores analíticos como disponibilidade e alocação. Outros fatores, reconhecidamente importantes, como motivação, liderança, conflitos, não são objeto de discussão deste livro.

Entre os objetivos de uma correta estimativa de recursos, podemos citar o que mais diz respeito ao gerenciamento do tempo: estimar a duração de cada atividade envolvida no diagrama de rede do projeto e, consequentemente, a duração do próprio projeto em si. É justamente a relação entre a duração das atividades e o trabalho dos recursos envolvidos que será tratada a seguir.

A alocação de recursos e o trabalho envolvido

Tendo a definição das atividades como as ações necessárias para se cumprir cada uma das entregas previstas na EAP, é preciso estimar os recursos necessários para entrega de cada pacote de trabalho esperado. Daí surge o conceito de trabalho como o esforço para que cada recurso (de trabalho) cumpra o seu papel na atividade, o que é diferente da duração da atividade. Enquanto o trabalho normalmente é medido em horas, ou homens/hora, a duração é medida em dias ou horas úteis:

Duração da atividade × número de recursos = trabalho
Exemplo: 2 dias (16 horas) × 2 recursos = 32 horas de trabalho

Podemos estimar o esforço necessário para o cumprimento de uma atividade por meio do trabalho ou da duração. Assim, digamos que uma atividade tenha 32 horas de trabalho e, a partir da quantidade de recursos e de sua produtividade, podemos determinar a duração. Ou, então, estimar a duração da atividade determinando o trabalho necessário, também baseado na quantidade de recursos e sua produtividade, conforme a figura 16. Cabe ao gerente do projeto definir por meio de qual variável estimar a atividade, e a decisão depende da informação disponível, que varia muito em função da natureza técnica da atividade, histórico e experiência da empresa.

Figura 16

ESTIMATIVA DA DURAÇÃO CONFORME O TRABALHO E OS RECURSOS NECESSÁRIOS

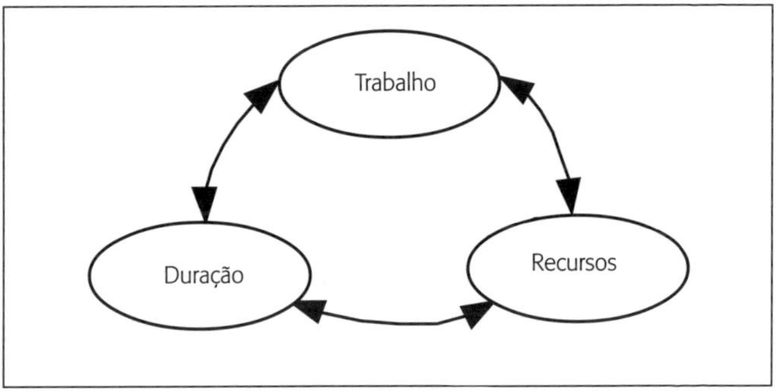

Há também o caso no qual uma métrica possibilita maior precisão na estimativa dos recursos e durações de atividades. Quando há possibilidade de se quantificar o produto resultante da atividade, podemos fazer o cálculo da quantidade de recursos necessários para se cumprir a atividade com uma duração preestabelecida, usando um determinado índice de produtividade. Essa é a forma mais precisa de estimativa de recursos e duração, quando temos produtos quantificáveis e índices históricos de produtividade. Porém, somente algumas áreas técnicas possibilitam e disponibilizam essas informações, como a engenharia civil, por exemplo. Mas outras áreas com maior dificuldade em medição dos produtos resultantes das atividades, como a tecnologia da informação, têm buscado métricas para tal, que, mesmo não sendo tão precisas, são de grande valia para esse passo do planejamento. É o caso dos pontos de função, que são usados pela tecnologia da informação para quantificar os produtos das atividades e assim permitir estimativas de esforços e durações mais precisas.

Outra questão que influencia o resultado da estimativa de recursos é o uso dos calendários. Sua inclusão e manutenção afetam diretamente a relação entre atividades e pessoas, conforme pode ser verificado a seguir.

A inclusão de calendários

Um calendário é a programação de datas úteis tanto para o projeto e suas atividades quanto para os recursos, e irá influenciar a data final das atividades no cronograma. Assim, existem dois tipos de calendários: projetos/atividades e recursos.

Quando estimamos uma atividade pela duração, levamos em conta o calendário do projeto, ou seja, a programação de datas úteis em que o projeto ocorrerá. Assim, uma atividade de cinco dias começando em uma quinta-feira terminará na quarta-feira da semana seguinte se o calendário do projeto não previr trabalho aos sábados e domingos (exemplo 1 da figura 17), ou terminará na segunda, caso isso não ocorra (exemplo 2 da figura 17).

Figura 17

EXEMPLOS DE CALENDÁRIOS SEM E COM FINS DE SEMANA INCLUÍDOS

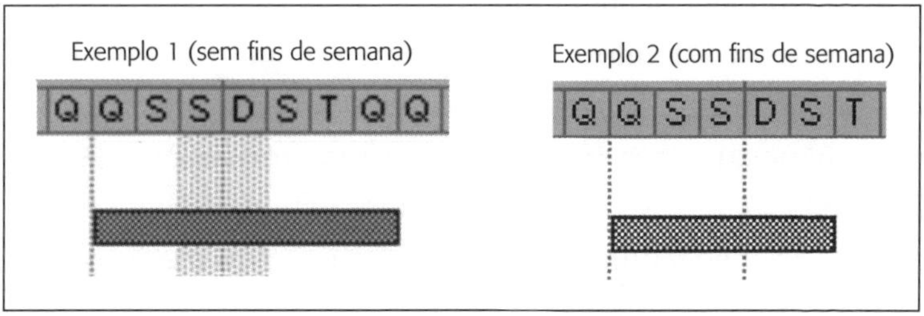

Ao acrescentarmos os recursos, as atividades seguem o calendário do recurso, já que ele é o responsável pela execução. Obviamente, a duração e datas das atividades são influenciadas por isso. Assim, tomando o exemplo da figura 17, caso o recurso responsável pela execução da atividade não trabalhe às sextas-feiras, a atividade continuaria tendo cinco dias úteis, 40 horas de trabalho (supondo apenas um recurso e oito horas por dia de trabalho), porém terminaria um dia depois, na quinta-feira, dada a indisponibilidade do recurso.

Existe uma relação entre a quantidade de recursos e a duração das atividades. E será detalhada a seguir.

Recursos versus duração da atividade

Primeiramente, cada atividade possui uma particularidade entre esses fatores, não sendo possível a determinação de uma relação válida para todos os casos. Porém, podemos dividir as atividades em dois grandes grupos: as que possuem relação inversamente proporcional entre duração da atividade e número de recursos; e as que não possuem essa relação.

O segundo grupo é menos comum. Mesmo aumentando a quantidade de pessoas em uma atividade, a duração dela não é influenciada, tendo como resultado o aumento do trabalho para o cumprimento da atividade.

O primeiro grupo é mais comum. O aumento da quantidade de recursos influencia a duração de forma a diminuí-la, porém não necessariamente de forma proporcional. Ou seja, ao dobrarmos a quantidade de recursos em uma atividade, não necessariamente sua duração cairá pela metade. Existem outros fatores que influenciam essa relação, como a produtividade. Assim, chegamos matematicamente à relação entre duração, trabalho e quantidade de recursos:

$$\text{Duração} = \frac{\text{Produtividade} \times \text{trabalho}}{\text{Número de recursos}}$$

Exemplo:

- trabalho = 32 m^2 (área de pintura)
- produtividade = 1 h/2 m^2 de pintura = 0,5 h/m^2
- recurso = 1 (trabalhando 8 h/dia)

$$\text{Duração} = \frac{0{,}5\ \text{h/m}^2 \times 32\ \text{m}^2}{1(8\ \text{h/dia})} = 2\ \text{dias}$$

É possível verificar que cada atividade possui uma relação particular entre os fatores duração e número de recursos, que é determinada pela produtividade. Assim, podemos generalizar a relação entre esses fatores usando a fórmula descrita anteriormente, também representada na figura 18.

Vemos, portanto, que, ao aumentarmos a quantidade de recursos em uma atividade, a duração dela tende a diminuir, mas não indefinidamente. Chega um momento no qual, mesmo aumentando a quantidade de recursos, a duração da atividade não diminui e até chega a aumentar.

Figura 18

Duração *versus* número de recursos

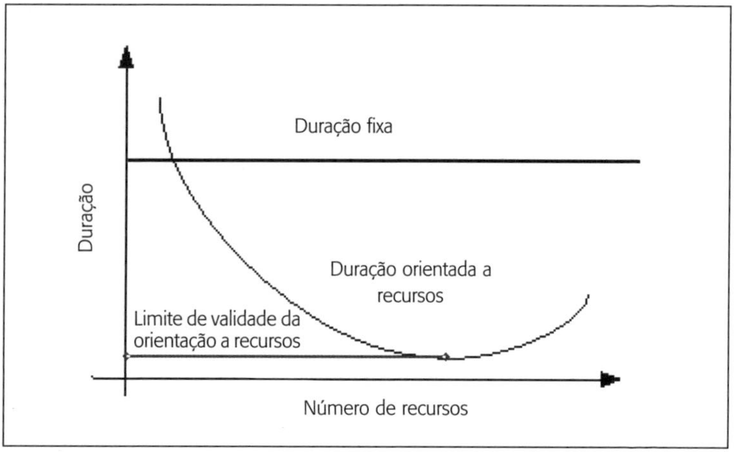

Isso ocorre, por exemplo, quando temos excesso de pessoas e falta de espaço físico, atrapalhando o desempenho do trabalho. No espaço onde a relação entre duração e número de recursos é inversamente proporcional, essa proporcionalidade é definida como o trabalho. Mas, como podemos observar, essa inclinação não é constante, ou seja, existe uma inércia no trabalho que faz com que precisemos cada vez mais de trabalho para diminuir a duração de uma atividade em números cada vez menores. Essa inércia do trabalho é um fator a mais na relação e é definida como produtividade.

Vamos a um exemplo: temos uma atividade de dois dias de duração (supondo oito horas por dia no calendário do projeto e do recurso), usando um recurso apenas. Pela fórmula matemática anterior, teríamos:

$$2 \text{ dias duração} = \frac{16 \text{ h trabalho}}{1 \text{ recurso}}$$

- duração — dois dias;
- trabalho — 16 horas;
- recurso — um;
- custo (R$ 10,00/h) – R$ 160,00.

Porém, se dobrarmos a quantidade de recursos, e supondo uma proporção direta como relação entre duração e recursos, a duração cairia pela metade. Assim, teríamos:

$$1 \text{ dia duração} = \frac{16 \text{ h trabalho}}{2 \text{ recursos}}$$

- duração — um dia;
- trabalho — 16 horas;
- recurso — dois;
- custo (R$ 10,00/h) – R$ 160,00.

Se dobrarmos a quantidade de recursos, a duração cai pela metade e o custo permanece o mesmo? Na prática, não. E observamos que, ao diminuirmos a duração de uma atividade com o aumento de recursos, o trabalho total tende a aumentar cada vez mais. Essa é a inércia do trabalho, que é dada pela variação da produtividade, que vai diminuindo a partir do momento em que aumentamos a quantidade de recursos na atividade.

Assim, o resultado que mais se assemelharia com a realidade seria:

$$1{,}5 \text{ dia duração} = \frac{24 \text{ h trabalho}}{2 \text{ recursos}}$$

- duração — 1,5 dia;
- trabalho — 24 horas;
- recursos — dois;
- custo (R$ 10,00/h) – R$ 240,00.

A produtividade nesse caso é dada pela inclinação do gráfico e vai diminuindo com o aumento dos recursos até chegar o momento em que não mais influencia a duração das atividades. É por isso que precisamos cada vez mais de pessoas ou trabalho e, consequentemente, fica mais caro diminuir a duração das atividades e do projeto.

Resumindo, podemos estimar as atividades por duração ou trabalho, dependendo das informações de que dispomos. Porém, fica uma grande dúvida entre amarrar o planejamento pela restrição dos prazos ou da disponibilidade dos recursos.

Para resolver a questão, voltemos à definição do processo de estimativa dos recursos, que propõe que seja definida a quantidade de recursos necessária para cumprir as atividades. É comum que os gerentes de projetos tentem ajustar o seu planejamento às duas restrições, já que são restrições reais do projeto, mas isso normalmente é feito ao mesmo tempo.

Mais aconselhado é que se faça um planejamento inicial, amarrado a um dos dois fatores, para depois ajustar ao segundo. Podemos enfatizar esse aspecto quando observamos que a disponibilidade dos recursos, como uma das restrições ao planejamento, só poderá ser comparada com a necessidade de recursos quando concluirmos o cálculo do cronograma, já que essa necessidade é medida no tempo e representada por um histograma de recursos, como na figura 19.

Figura 19

HISTOGRAMA DE UTILIZAÇÃO DE RECURSOS

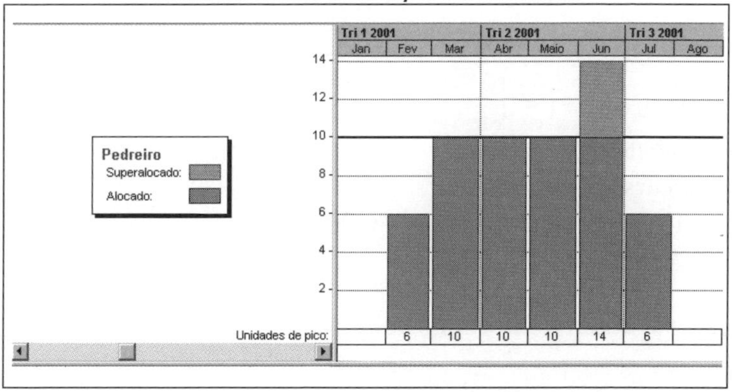

A disponibilidade de recursos influencia a duração das atividades e do projeto, que influenciam a distribuição das atividades e, consequentemente, a necessidade de recursos no tempo. Não podemos ajustar os dois fatores de uma só vez sem que o cronograma esteja calculado e os recursos estimados às atividades. Somente com uma estimativa inicial de durações e recursos no cronograma, podemos ajustá-las, fazendo o chamado nivelamento de recursos,[7] que é impossível sem uma estimativa inicial desses dois fatores.

Como vimos nas etapas anteriores do planejamento, como na criação da EAP e na definição das atividades, podemos padronizar certos itens que são semelhantes entre os projetos. Como exemplos foram citados os modelos de EAP e de atividades. O mesmo ocorre com os recursos.

Tendo atividades semelhantes realizadas em vários projetos e representando as mesmas ações, podemos também definir previamente e registrar que tipos de recursos (pessoas, equipamentos e materiais) são necessários para cumpri-las, levando em conta uma métrica de quantitativo da atividade ou produtividade.

Isso é mais factível e comum quando conseguimos mensurar o produto das atividades ou temos histórico de produtividade. A estimativa é feita por meio de uma composição de recursos.[8] São dados históricos de alocação, produtividade e quantitativos que auxiliam o planejamento, conforme os itens a seguir:

- atividade — execução de alvenaria;
- quantitativo — 10 m^2;
- composição de recursos (produtividade e consumo para 1 m^2) — pedreiro, 4 h de trabalho; servente, 4 h de trabalho; tijolo, 20 unidades; areia, 2 kg.

---

[7] Como será visto mais à frente no tópico relativo a nivelamento de recursos.
[8] Também conhecida em determinadas áreas como composição de custos.

Assim, podemos fazer a atividade mencionada em cinco dias, caso usemos um pedreiro e um servente, com o consumo de 200 tijolos e vinte quilos de areia.

Neste capítulo verificamos a importância da estimativa de recursos para o planejamento do projeto. Tal estimativa pode estar baseada em trabalho, recursos ou produtividade. Somente após a análise e certificação da real necessidade de recursos, podemos estimar a duração das atividades, conforme veremos no próximo capítulo.

4

Estimando a duração das atividades

Vimos até agora como se definem as atividades do projeto, como se prepara um diagrama de rede com base na sequência lógica entre atividades e também como se estimam os recursos necessários ao projeto. Este capítulo visa a definição de quantos períodos de tempo serão necessários para a execução de uma determinada atividade.

Estimar a duração é um dos aspectos mais difíceis e complexos do planejamento de um projeto. Assim, procuramos explorar ao máximo as etapas necessárias para que uma boa estimativa de duração de atividades possa ser realizada. Mas é importante lembrar que se trata de uma estimativa e nunca de uma certeza absoluta.

Diversos fatores devem ser considerados para a elaboração adequada de uma estimativa: ameaças e oportunidades que podem surgir ao longo do projeto; a competência e a produtividade dos recursos envolvidos e a sua curva de aprendizagem. A tentativa é de responder à clássica pergunta "quanto tempo demora?" com maior nível de precisão possível, pois certeza absoluta não existe. A figura 20 representa o mapa de estimativa de duração das atividades.

Figura 20

ESTIMATIVA DE DURAÇÃO DAS ATIVIDADES

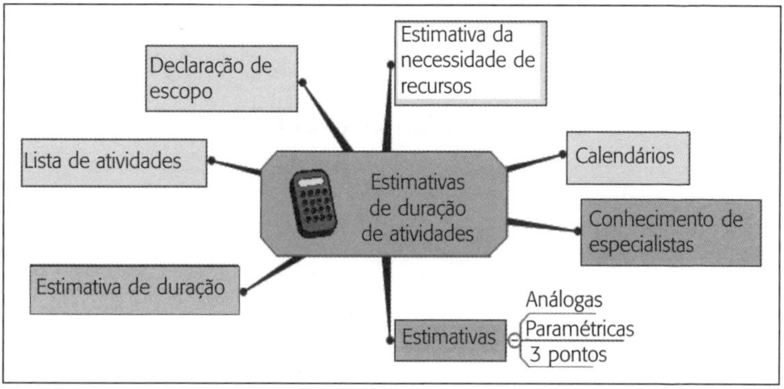

Para muitas pessoas, estimar duração de atividades de projeto é o mesmo que estimar atividades operacionais que fazem parte do nosso dia a dia. Os projetos são exclusivos por definição, então muitas vezes estaremos lidando com coisas de certa forma inéditas, sem uma experiência prévia.

Duração, esforço e tempo decorrido

Antes de propor uma prática que permita estimar a duração das atividades com maior precisão, é importante entender os conceitos de duração, esforço e tempo decorrido. É comum respondermos perguntas do tipo "quando você irá terminar a atividade?" ou "quantas horas serão necessárias para pintar esta sala?". As respostas para as perguntas serão diferentes, apesar de muitas vezes o conceito ser tratado da mesma forma. Para exemplificar, vamos considerar um projeto com cinco atividades (A, B, C, D, E) no qual serão alocados três recursos diferentes (1, 2, 3).

No cronograma (figura 21), além do nome da atividade, são mostradas quatro colunas contendo a duração da atividade, o esforço necessário, datas de início e de término.

Figura 21

EXEMPLO DE CRONOGRAMA

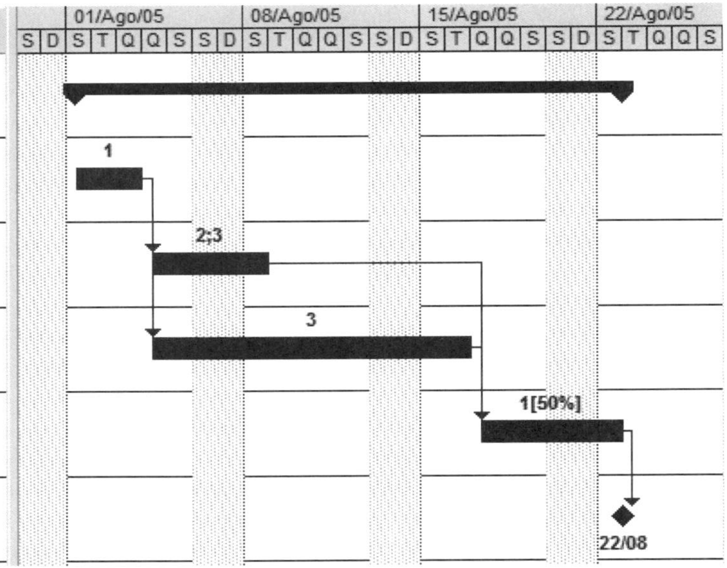

Nome da tarefa	Duração	Trabalho	Início	Término
⊟ **PROJETO**	**16 dias**	**160 hrs**	**01/08**	**22/08**
A	3 dias	24 hrs	01/08	03/08
B	3 dias	48 hrs	04/08	08/08
C	9 dias	72 hrs	04/08	16/08
D	4 dias	16 hrs	17/08	22/08
E	0 dias	0 hrs	22/08	22/08

Observe que a coluna duração total do projeto apresenta o valor de 16 dias, que não corresponde ao tempo total *(elapsed)* de 22 dias, pois o projeto começa no dia 1/8 e termina em 22/8.

Então, a palavra duração tem uma conotação diferente da que adotamos em nosso dia a dia. O glossário do *PMBOK*® (PMI, 2004) define duração como

> número total de períodos de trabalho (sem incluir feriados ou outros períodos de descanso) necessários para terminar uma atividade do cronograma ou um componente da estrutura analítica do projeto. Normalmente é expressa em dias ou semanas de trabalho. Às vezes, é incorretamente equiparada ao tempo decorrido.

Concluímos que a duração de um projeto considera apenas os períodos (dias ou horas) efetivamente trabalhados, não incluindo os períodos de descanso (dias/horas não úteis) ou interrompidos. A duração está relacionada à estimativa de tempo e não de esforço. Obviamente, ambas estão relacionadas.

A diferença entre a data de início e a final de uma atividade é definida como tempo decorrido (*elapsed time*). No exemplo anterior, o tempo decorrido é de 22 dias. Por vezes, a palavra duração é adotada incorretamente, representando o conceito de tempo decorrido.

O esforço (*effort*) necessário, também conhecido como empenho, apresentado na coluna "trabalho" da figura 21, representa a quantidade de períodos (em geral representado em horas) necessários para completar a atividade. Normalmente, esse valor é considerado para a estimativa de custos do projeto, pois muitas vezes pagamos pela quantidade de horas trabalhadas e não por sua duração. O Microsoft Project©, por exemplo, faz o orçamento do projeto, tomando por base a quantidade de trabalho.

No exemplo citado, a atividade A requer 24 horas de trabalho do recurso alocado a ela, no caso recurso 1. A duração é de três dias, pois o período de trabalho corresponde a oito horas/dia e o recurso está dedicado 100% do tempo à atividade. Teremos então 24/8 = 3 dias de trabalho com um tempo decorrido de 3 dias (1/8 até 3/8). A atividade B, por sua vez, apesar de ter a mesma duração não tem o mesmo tempo decorrido; ela inicia no dia 4 e termina no dia 8.

A atividade B tem um esforço de trabalho diferente do da atividade A, apesar de ter a mesma duração. O esforço representa a quantidade de períodos necessários para a execução do trabalho. No caso dessa atividade são necessárias 48 horas de trabalho, que estão divididas entre os recursos alocados a ela (2 e 3). Partindo da premissa de que cada pessoa tem a mesma produtividade, a duração total será de 24 horas. Mas será que essa distribuição de esforço se aplica a qualquer atividade? Sua redução seria proporcional? A resposta para ambas as perguntas é não. Existem atividades que até certo limite podem ter diversos recursos compartilhando o esforço total. A questão é: será que poderíamos ter 48 pessoas trabalhando na atividade B, para fazê-la em uma hora? Isso dependerá da natureza da atividade e dos demais recursos envolvidos. As 48 pessoas podem atrapalhar umas às outras, de maneira que a atividade corre o risco de nem ser concluída, como vimos enquanto explicávamos a estimativa de recursos para cada atividade.

Certamente, a duração de uma atividade é influenciada pela quantidade de recursos programados para trabalhar nela. É influenciada e não determinada, porque não existe necessariamente uma relação direta entre a quantidade de recursos atribuídos para uma atividade e sua duração. Essa relação não é linear, conforme explicado. Alguns softwares consideram que a simples adição de um novo recurso irá reduzir pela metade a duração da atividade. Tenha cautela quando utilizar essa funcionalidade em alguns programas.

É importante voltar à perspectiva da estimativa de duração, porque é comum adotarmos a estratégia de colocar mais recursos ou aumentar o número de horas trabalhadas (exemplo: horas extras) para adiantar o cronograma de um projeto. Adicionar mais recursos para reduzir a duração de uma atividade dentro de limites aceitáveis de planejamento é chamado de compressão de atividade (*crashing*).

As atividades que permitem a distribuição do seu esforço (e consequentemente têm sua duração influenciada) são chamadas de atividades orientadas ao esforço ou ao empenho. No Microsoft Project©, isso pode ser definido a partir do quadro de informações sobre a atividade, mostrado na figura 22, na opção controlada pelo empenho.

As atividades orientadas ao empenho também têm seu limite de aplicação de recursos. Em custos, é comum citarmos a Lei dos Retornos Decrescentes (*Law of Diminish Returns*) que advoga que a partir de um determinado ponto a aplicação de mais recursos irá atuar de forma inversa, ou seja, ao invés de reduzir o efeito, será justamente o contrário; irá aumentar. Em se tratando de duração, o ponto em que isso ocorre é chamado de *crash point*.

Nem todas as atividades sofrerão uma redução em função da adição de novos recursos. Um exemplo típico e muito citado é a situação na qual "nove mulheres grávidas não farão um bebê em um mês". Nesse caso, se aplicarmos mais recursos não haverá ganho real de tempo e o esforço total será ampliado, ocasionando, na maioria das vezes, aumento no custo.

Outro exemplo é quando um recurso não pode dedicar 100% de atenção à atividade, como o caso da atividade D. Esta tem um esforço de 16 horas, mas o recurso alocado (1) só dispõe de 50% do tempo (um período do dia — manhã ou tarde). Nesse caso, a duração será de quatro dias.

Figura 22

QUADRO DE INFORMAÇÕES SOBRE A ATIVIDADE

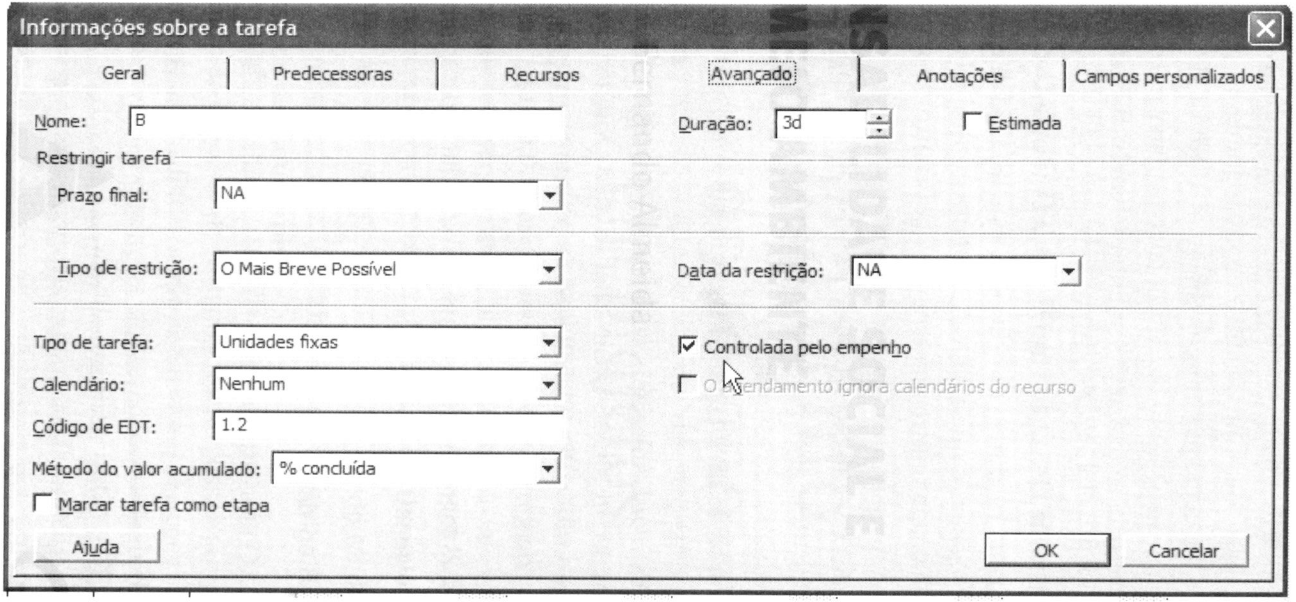

Existe uma piada no meio do gerenciamento de projetos que fala: "os primeiros 90% do cronograma do projeto levam 90% do tempo. Os últimos 10% levarão outros 90% do tempo". Por que isso? Muito se deve à falta de planejamento adequado em relação ao que deve ser feito (definição clara das necessidades e identificação do escopo), ou também em função de estimativas inadequadas, sem a devida fundamentação técnica: "o trabalho irá durar cinco dias, pois o chefe assim o quer".

Sabemos que o mercado é implacável em relação a prazos. O chamado *time-to-market* é um fator crítico para o sucesso de qualquer empreendimento, mas não podemos confundir restrições de tempo (marcos de projeto ou necessidades de datas de clientes) com estimativas de duração da atividade (análise matemática da estimativa).

Adotar práticas confiáveis e seguras de estimativa faz com que possamos dar certo grau de confiança ao empreendimento, ao mesmo tempo que facilitamos o processo de tomada de decisão gerencial no que tange à decisão de prosseguir ou não, caso a estimativa seja condizente com a exigência do mercado. Não devemos esquecer que projetos existem para dar lucro e não como experimentos que fazem uso do dinheiro do patrocinador. Por isso é importante definir o que esperar do resultado de uma estimativa, conforme veremos a seguir.

O que esperar como resultado de uma estimativa

O processo de estimar a duração das atividades de acordo com o *PMBOK*® (PMI, 2004) é "obter avaliações quantitativas do número provável de períodos de trabalho necessários para a conclusão de uma atividade do cronograma". Observe que aqui não desejamos saber quanto tempo irá durar o projeto ou cada uma das fases, mas sim fazer uma estimativa de cada atividade de forma independente.

A estimativa da duração total requer a identificação dos diferentes caminhos das atividades representados no diagrama de rede. É importante destacar que a duração total de um projeto, diferentemente do esforço total ou do custo total, não é simplesmente a soma de suas durações, mas sim qual será a duração de seu maior caminho. Esse resultado será obtido no processo de elaboração do cronograma apresentado mais à frente neste livro.

Outros resultados da estimativa de duração são eventuais atualizações nos atributos das atividades, utilizados pelo processo de definição das atividades, e também solicitações de mudanças, visando adequar os objetivos do projeto. Por exemplo: para atender uma determinada estimativa é necessário que façamos uma alteração no escopo do produto, resultando em um produto com funcionalidade reduzida.

Assim como a EAP e a lista de atividades, quem deverá preparar as estimativas são as pessoas que executam as atividades. Não existe coisa que mais desagrada a um profissional do que dizer a ele quanto tempo dura uma atividade que ele deverá executar. Quem sabe o tempo é quem faz.

É de responsabilidade do gerente do projeto informar às pessoas quais são as restrições de tempo que o projeto ou as fases do projeto terão. Os profissionais especializados deverão adequar as atividades ao tempo, buscando alternativas na forma de condução das atividades. Existem diversas considerações que poderiam ser feitas nesse sentido: fazer atividades em paralelo, exigir profissionais com maior grau de especialização, definir premissas etc. Um exemplo é: "um pintor poderá pintar a sala de sua casa em oito horas desde que alguém fique responsável pela colocação da proteção necessária nos móveis e a retirada de partes do mobiliário". Esses aspectos são normalmente chamados de atributos da atividade, que sofrem atualizações em função das estimativas e de eventuais premissas assumidas.

Mesmo com todos os cuidados vistos, ainda verificamos variações nas estimativas planejadas. As razões por trás disso são abordadas a seguir.

Por que as estimativas variam tanto

Durante a execução do projeto observamos que existe uma variação entre o planejado e o efetivamente implementado. A razão por trás desse fenômeno é que a duração de uma atividade é uma variável randômica, principalmente no contexto dos projetos. Isso acontece porque desconhecemos quais fatores influenciarão a duração, então não é possível saber exatamente quanto tempo será consumido.

Alguns autores atribuem a culpa ao famoso personagem Murphy, que entra no projeto para atrapalhar e complicar.[9] O ponto é que, certamente, a variação das estimativas está associada ao grau de precisão da estimativa da duração. Um dos objetivos do processo de estimativa é justamente definir a "granularidade", ou seja, o nível de precisão da estimativa. O ideal é que as estimativas tenham a menor variância, mas isso nem sempre será possível.

Por essa razão, é importante adotar a prática de documentar, geralmente no atributo da atividade, qual foi o grau de precisão de sua estimativa e, principalmente, a partir de quais informações esta foi atribuída. Por exemplo: "de acordo com dados de uma determinada revista, o tempo médio para escavar 100 m^3 em determinado tipo de terreno é de seis horas de trabalho com uma variância de –5% a +10%".

---

[9] O ponto relativo à incerteza é novamente abordado neste livro, com maior detalhamento no capítulo relativo à corrente crítica, incluindo as chamadas margens de tempo utilizadas para compensação de estimativas.

As durações variam por conta de vários motivos. A seguir são destacados os mais significativos:

- variação do nível de conhecimento do profissional — no processo de estimar a duração, tomamos como base a alocação de pessoas de nível médio de conhecimento, por exemplo, um analista pleno. No momento da execução, a realidade é outra e a atividade acaba sendo delegada a um analista júnior;
- interrupções no expediente — cada vez que uma pessoa é interrompida, ela acaba demorando mais tempo para atingir o nível de produtividade alcançado antes da interrupção. Você não pode controlar totalmente as interrupções, mas sabe que elas existirão de alguma forma; logo, isso deve ser considerado na hora de fazer as estimativas. Ninguém fica 100% do tempo dedicado;
- eventos inesperados — como citado, Murphy estará sempre presente em seus projetos e irá se manifestar na medida do possível. Pode ser em função de atos da natureza, atrasos dos fornecedores, envio incorreto de materiais, profissionais que por algum problema resolvem não aparecer para trabalhar no dia seguinte etc. É prudente sempre considerar a participação do Murphy em algumas de suas atividades. Uma dica: considere sempre os riscos identificados no projeto como parte de sua estimativa;
- erros e mal-entendidos — apesar de todo o esforço para ser claro e objetivo em relação aos objetivos e ao trabalho que deve ser realizado, algumas vezes inevitavelmente falhamos, provocando retrabalhos ou descarte de atividades;
- variações de causa comum — além de todos esses fatores que podem influenciar a duração das atividades, a realidade é que durações variam sem nenhuma razão aparente, a não ser uma variação estatística que surge porque a duração é, de fato, uma variável aleatória, sujeita à variação natural e

nada poderá ser feito para diminuí-la. Ela está lá e deve ser aceita. É importante lembrar que "estimativa é estimativa".

Como preparar uma lista de atividades com estimativas

Como toda receita que precisa de ingredientes, cada processo necessita de elementos para sua elaboração. Além da lista das atividades e seus atributos, sugerimos alguns "ingredientes" para que as atividades tenham uma boa estimativa:

- conhecer o passado — saber como atividades iguais ou similares foram feitas no passado e que tipo de desafio foi enfrentado auxilia em muito o processo de estimar sem "chutar". Muitas organizações dispõem hoje de bases de dados de conhecimento, nas quais as experiências da organização e de empresas similares são mantidas. Para determinados tipos de projeto é possível obter bancos de dados comerciais nos quais estão disponíveis estimativas para a conclusão das atividades. Geralmente, esses bancos de dados não se limitam a informações de duração ou esforço, incluem dados sobre tipos de recursos, sequenciamento sugerido, EAP etc. Alguns já incluem modelos de cronogramas para os principais aplicativos do mercado, conforme mencionado;
- conhecer o ambiente do projeto — identificar fatores ambientais e culturais que regulam a organização, a burocracia, assim como políticas organizacionais, como a quantidade máxima de horas trabalhadas por período, o uso de recursos de outras localidades, folgas e intervalos de descanso, fusos horários (imagine um projeto envolvendo equipes no Japão e no Brasil), até problemas de tráfego, aeroportos, localidades remotas etc.;
- conhecer as premissas e restrições — saber os fatores que são considerados verdadeiros e reais, como no exemplo ci-

tado quando o cliente ficou responsável pela proteção dos móveis antes da pintura. Ou, ainda, assumir que o período de trabalho será de oito horas por dia, cinco dias por semana. São premissas assumidas que precisam ser consideradas na estimativa de tempo. E também tudo que pode limitar ou restringir a execução da atividade, alterando o seu esforço ou a duração. Por exemplo: podemos considerar o uso de quatro pessoas em uma atividade, porém o local onde ela será realizada não tem espaço suficiente para que essas pessoas trabalhem simultaneamente. Outro fator restritivo comum é limitação de custos. Por exemplo, nessa atividade só poderão ser gastos R$ 100,00. Esses fatores são normalmente documentados na Declaração de Escopo, mas em alguns casos são documentos independentes;

- conhecer os riscos — riscos são ameaças ou oportunidades que poderão ocorrer durante a execução da atividade. Como definido anteriormente, projetos são únicos por definição. Algumas atividades podem ter um alto grau de repetitividade, já foram executadas muitas vezes a ponto de podermos "fazê-las de olhos fechados". Outras, porém, são desconhecidas, não sabemos quais ameaças elas poderão sofrer, nem quanto é a participação do Murphy como recurso. Um processo de fundamental importância nessa hora é a gerência de riscos. Particularmente, a identificação, qualificação, quantificação e plano de resposta a riscos.[10] Em geral, ações são tomadas para eliminar ou minimizar o impacto produzido pelo risco, que muitas vezes resultam em "colocar uma gordurinha" no prazo da atividade. Por exemplo, uma atividade de

[10] A gerência de riscos especificamente não faz parte do escopo deste livro. Mas consideramos que existe uma relação muito íntima entre estimativa de tempo de atividades e a análise de riscos feita pelo gerente e sua equipe. Por isso, fizemos questão de registrar.

seu projeto é obter a aprovação das autoridades locais para instalar um luminoso na loja que sua empresa está construindo. Por experiência, você sabe que o processo demora duas semanas, você inclui uma semana na atividade por conta da possibilidade de o departamento responsável estar sobrecarregado de trabalho;

- conhecer a disponibilidade, capacidade e características do recurso — boas práticas de recursos humanos recomendam que as organizações mantenham registros sobre cada profissional, incluindo uma descrição do cargo (*job description*), assim como registros da habilidade e nível de conhecimento e experiência em projetos anteriores, a produtividade, disponibilidade e eventuais restrições. Por exemplo, uma pessoa não poder viajar, ou sua religião não permitir que ela trabalhe em determinados dias. Todas essas variáveis juntas auxiliam o processo de estimativa. Em geral, recursos mais experientes realizam certas atividades com maior rapidez ou com menor risco (menos retrabalho). Apesar de não ser ainda o momento oportuno, deve ser levado em conta se no período provável de execução da atividade a pessoa estará disponível. Essa consideração nesta parte do processo ainda não é possível de ser feita, uma vez que não estamos ainda informando com precisão a data na qual a atividade será executada. A responsabilidade disso está a cargo do processo de desenvolvimento do cronograma. Ele é que consolida o diagrama de rede com as estimativas e considera todas as restrições de datas, assim como eventuais superalocações de pessoas (uma mesma pessoa pode estar designada para trabalhar em duas atividades simultâneas).

Em função de todas as considerações acima, esperamos ter passado a ideia de quão fundamental é fazer uma boa estimativa do ponto de vista do planejamento e controle do projeto. Na próxima seção demonstraremos algumas técnicas para uma boa estimativa.

Técnicas para uma boa estimativa

Estimar durações de atividades é um desafio. Algumas vezes, o gerente e sua equipe estarão familiarizados com as atividades, podendo fornecer estimativas mais confiáveis e que a própria equipe se sinta mais confortável em cumprir. Porém, vão existir momentos em que a equipe não fará a mínima ideia de quanto tempo será necessário para executar determinada atividade ou conjunto de atividades. Independentemente dessa realidade, a equipe precisa fornecer uma estimativa.

É esperado que o gerente tenha esse tipo de controle em suas mãos antes de começar o projeto. Logo, é de vital importância que a organização e os interessados no projeto compreendam o real significado da palavra estimativa. Mas uma coisa é quase certa: à medida que o projeto avança e muitos dos resultados são entregues, a estimativa será aprimorada.

Veremos a seguir quais as principais técnicas aplicadas para obtenção de boas estimativas:

- utilizar os dados históricos e documentar seu registro — uma metodologia de gerenciamento de projetos deve conter um sistema para armazenar os principais eventos do projeto, algo similar a um "diário de bordo", registrando as estimativas, premissas, restrições, perfil dos recursos, o valor do *crashpoint*.[11] Enfim, os dados que foram considerados para definir o valor estimado de cada atividade. Algumas organizações dispõem de sofisticados bancos de dados ou mesmo as chamadas bases de conhecimento. Em outras, podemos

[11] *Crashpoint*: ponto em que a estimativa de uma atividade foi ultrapassada.

contar apenas com a pasta do projeto. Uma maneira fácil de criar esses registros é utilizar os campos personalizados do Microsoft Project©, conforme a figura 23. O programa dispõe de 70 colunas personalizadas para textos, números e campos lógicos do tipo sim/não. Em outras palavras, existe espaço suficiente para documentação de estimativas;

Figura 23

Documentação de estimativas usando o MS-Project©

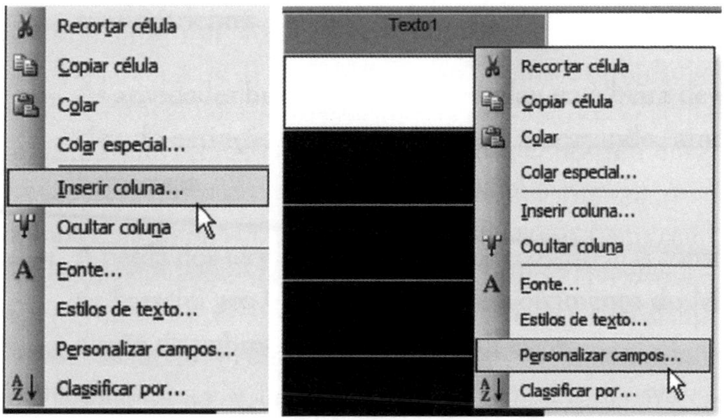

Duração	Trabalho	Início	Término	Premissas	Considerações
3 dias	48 hs	04/08	08/08	Cliente irá proteger os móveis e fazer a faxina final removendo o entulho	A estimativa foi feita com base no uso de dois pintores com experência em paredes rugosas

- opinião do especialista — uma ferramenta essencial no processo é buscar com quem irá realizar o trabalho os valores prováveis de duração da atividade. Conforme citado, "quem deve fazer a estimativa é quem faz o trabalho". Portanto, a opinião do especialista, ou melhor, dos especialistas, tem forte contribuição nesse processo;
- aplicar a técnica Delphi — um dos métodos mais populares é frequentemente feito em grupos de cinco a 10 participan-

tes que, por algum motivo, não podem se reunir para discutir o assunto. Na técnica Delphi, o moderador comunica um problema, por exemplo, quanto tempo é necessário para pintar uma parede rugosa. Cada especialista envia ao moderador seu palpite com relação à duração da atividade. O moderador, de posse de todas as informações, solicita aos especialistas, que fornecem as estimativas extremas (maior/menor), a defesa dos valores. Se for o caso, esses dados são removidos. As informações ajustadas e justificadas são enviadas aos participantes. Estes fazem uma nova rodada, tomando agora como base a opinião dos demais colegas. É importante destacar que os valores geralmente são mantidos anônimos para evitar distorção. Alguém poderá inferir valores porque foram ditos por uma determinada pessoa. Em geral, são feitas três rodadas e todas são registradas em um histograma como na figura 24;

Figura 24

APLICAÇÃO DA TÉCNICA DELPHI

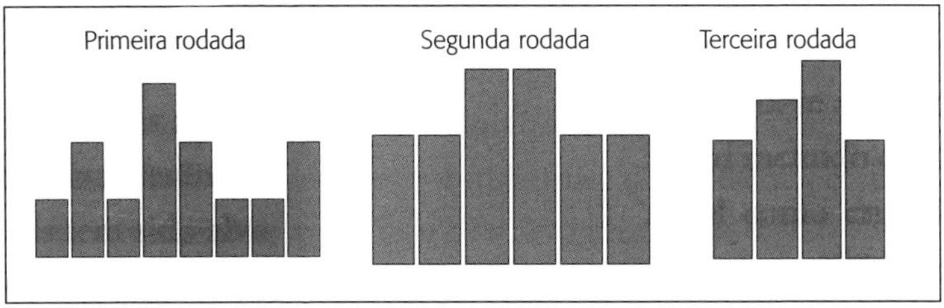

- aplicar estimativas de três pontos — uma boa estimativa depende essencialmente de sua precisão. Certas atividades, porém, podem apresentar situações ou cenários diferenciados em decorrência de muitas variáveis incertas. Nesse caso, a estimativa pode ser feita tendo como base três cenários distintos: um otimista (melhor caso), no qual são considerados apenas eventos de oportunidade; o pessimista (pior caso), quando são considerados apenas eventos de ameaça; e o mais provável, que considera um pouco de cada, tanto oportunidades quanto ameaças. O estimador atribui a cada um dos cenários um valor estimado, usando a fórmula a seguir para calcular o tempo esperado (t_e) que é a média ponderada dos três valores, considerando os seguintes pesos: cenários otimista e pessimista, com peso igual a 1; o cenário mais provável, peso igual a 4.

$$T_e = \frac{\text{otimista} + \text{pessimista} + (\text{mais provável} \times 4)}{6}$$

Anteriormente, esse tipo de estimativa era conhecido como Pert. Seguindo uma tendência de muitos autores, o próprio PMI® substituiu essa nomenclatura para estimativa dos três pontos;

- aplicar estimativas paramétricas — esse tipo de estimativa é conhecido como estimativa quantitativa, pois tem como base a aplicação de parâmetros quantitativos por meio de fórmulas ou modelos matemáticos para prever quanto tempo uma atividade levará, com base nas "quantidades" de trabalho a serem completadas. Por exemplo, em uma instalação de infraestrutura de rede de televisão a cabo a estimativa de tempo da atividade é uma função da quantidade de pontos a serem instalados, não sendo consideradas em particular as dificuldades técnicas de cada ponto, mas sim o seu total. Outro exemplo em um projeto de um evento é o tempo para servir um jantar, que será em função da quantidade de participantes;
- inferir baseado na similaridade a outras atividades — algumas atividades são similares a outras, encontradas em outros projetos. É a chamada estimativa análoga. Na maioria dos casos essas estimativas são confiáveis na obtenção de

resultados, principalmente quando as atividades são bastante semelhantes;

- considerar o uso de reservas ("gorduras") — quando se faz a estimativa de recursos pode-se considerar um tempo extra para cobrir eventualidades ou as contingências do projeto. Podem ser valores percentuais ou fixos, que geralmente são oriundos de uma análise dos riscos. Por exemplo, se o grau de incerteza de uma atividade for alto, é aplicado um percentual correspondente a 20% do tempo total. É importante que o valor de reserva esteja documentado com a estimativa. Como mostrado anteriormente, isso pode ser feito em softwares de planejamento como o MS-Project©, por meio de uma coluna personalizada com valores preestabelecidos (alto, médio e baixo), conforme a figura 25.

Figura 25

DOCUMENTANDO O GRAU DE RISCO

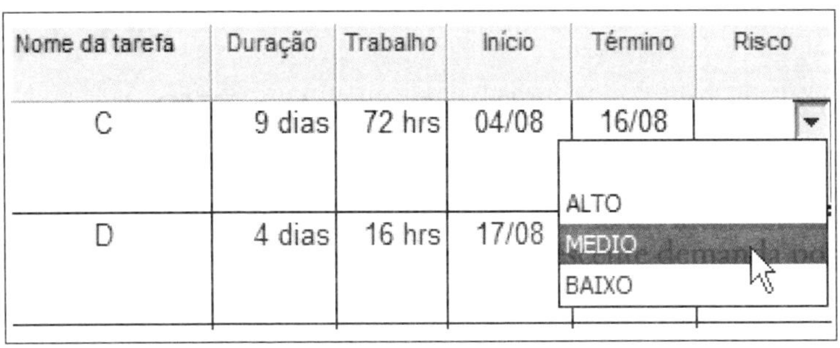

Neste capítulo vimos técnicas e até "macetes" utilizados para estimarmos a duração de cada atividade envolvida em um projeto. Como foi observado, não são tão simples essas estimativas, em função de uma série de variáveis internas e externas ao projeto. Muitas vezes também não são tão precisas quanto gostaríamos mas, sem dúvida, trata-se de um processo fundamental para geração do cronograma, como veremos.

5

O cronograma do projeto

Agora que a sequência das atividades e sua estimativa provável de duração e os recursos utilizados estão definidos, é hora de juntar as partes e elaborar a programação do projeto, mais conhecida como cronograma do projeto, que é o objetivo principal deste capítulo.

Desenvolvimento do cronograma

Conforme mencionado na introdução, para muitas pessoas, gerenciamento de projetos é sinônimo de elaboração de cronograma. Apesar de ele ser a "cara do projeto", ressaltamos novamente que gerenciar projetos é muito mais do que isso. É fato que o preparo do cronograma proporciona a base para muitas das funções importantes que são parte do processo de gerenciamento de projetos, mas sem uma definição clara dos objetivos e do escopo do trabalho não teríamos uma base sólida para atribuir recursos ou administrar o fluxo de caixa. Certamente que o prazo do trabalho e a gestão da data do término do empreendimento são os fatores mais críticos e observados na maioria dos projetos, conforme figura 26.

Figura 26

MAPA DO DESENVOLVIMENTO DO CRONOGRAMA

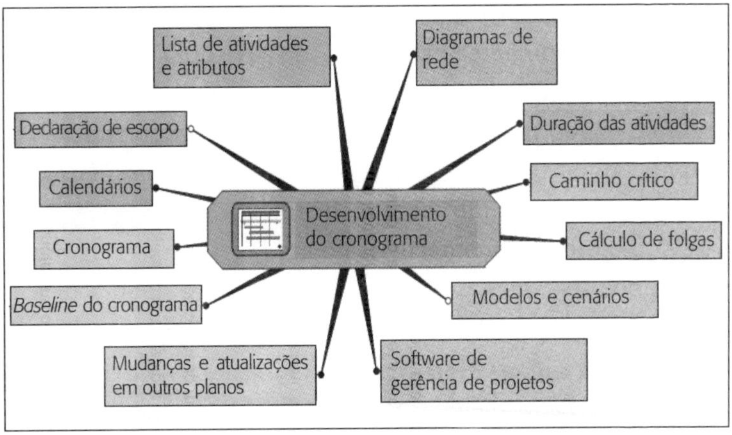

Determinar a programação de um projeto não é uma atividade simples. Na verdade, é uma combinação de arte e ciência. A ciência está em determinar no diagrama de rede do projeto onde está o caminho crítico, quanto de folga existe nas atividades não críticas, na definição dos períodos de trabalho tanto do projeto quanto de cada recurso individualizado etc. No entanto, outros fatores importantes também devem ser considerados, envolvendo a questão das restrições de datas impostas (coisas do tipo: "tal atividade só poderá ser iniciada a partir da segunda quinzena de maio") e também o nivelamento (ajuste) dos recursos utilizados nos projetos.

A questão relativa à arte é garantir, com toda a incerteza inerente a projetos, que o cronograma seja exequível. Embora tenhamos diversas técnicas para construí-lo, o desafio é buscar um jeito de executar as diferentes atividades de forma paralela, otimizando os recursos existentes para que, então, seja possível completar o projeto no menor prazo. Reconhecidamente, conceituar nesse caso é bem mais fácil do que fazer de fato. Para a maioria dos gerentes de projeto o esforço maior está na arte e não na ciência, pois o resultado só será bom se, no momento exato da atribuição de recursos às atividades, tudo estiver sincronizado. Como costumamos dizer, é necessário muito "jogo de cintura" para fazer com que os recursos e atividades estejam ajustados.

Um erro muito comum é quanto à percepção de que os recursos estarão sempre disponíveis para o projeto. Além das pessoas terem outros compromissos, é pouco provável que alguém trabalhe direto 100% do tempo. Em média, trabalha na ordem de 60% a 75%, mas isso depende da área de especialização. As pessoas interrompem o trabalho. Elas precisam atender telefonemas, conversar com os demais colegas, participar de reuniões, precisam de energia (água, açúcar e cafeína), se cansam, produzindo os resultados de forma mais lenta, e tantas outras coisas. E isso sem contar com a espera por outros recursos para a realização das atividades. Portanto, sem cair em um falso sentimento de que o cronograma é tudo em um projeto, devemos reconhecer que ele, de fato, é um importante componente do processo de gerenciamento. Bem elaborado, responderá com firmeza às questões: quando o projeto estará finalizado, em que momentos os recursos serão aplicados às atividades e quando os resultados intermediários serão entregues aos interessados.

Vimos que, partindo da necessidade dos *stakeholders*, um determinado produto ou serviço será elaborado. O escopo do projeto é definido, uma EAP é preparada e os pacotes de trabalho são identificados. A partir deles as tarefas são relacionadas, sequenciadas e estimadas quanto à duração, considerando os recursos necessários e disponíveis. O resultado de todo esse processo é determinar o prazo final do projeto. A meta é procurar fazer com que as atividades possam ser, na medida do possível, executadas em paralelo para agilizar a entrega do produto e também para fazer uso dos recursos de forma planejada, minimizando problemas de alocação.

A integração da estimativa de duração da atividade, sua sequência de execução e que recursos serão utilizados, nada disso faz com que tenhamos um cronograma. Vários fatores devem ser considerados, como, por exemplo, a disponibilidade dos recursos no momento necessário. Como discutido no capítulo anterior, as pessoas têm uma disponibilidade que certamente não será 100% do tempo. Elas tiram férias, são treinadas e trabalham em outras iniciativas, além do que nem todos os dias são de trabalho; existem os feriados, folgas e finais de semana. O conjunto dessas informações compõe o calendário. Além do calendário geral do projeto, cada recurso, humano ou material, tem seu próprio calendário particular.

Ao incluir os calendários, é muito provável que ajustes devam ser feitos, para que seja possível enquadrar todos os recursos e atividades dentro do cenário do projeto. Muitas vezes, a sequência das atividades terá de ser alterada, novas estimativas terão de ser avaliadas e, eventualmente, até um recurso poderá ter que ser incluído ou substituído. Um efeito bastante comum, resultado desse ajuste de períodos de atividade e também de recursos, são as chamadas alocações simultâneas, oriundas da sobreposição de atividades usando o mesmo recurso. A solução para esse problema é chamada de nivelamento de recursos, conforme será visto mais à frente. Além disso, existem outros detalhes que precisam ser considerados. Por exemplo: um profissional é comunicado que a atividade "X" precisa estar concluída até o final do mês de julho, independentemente de quando se inicia, ou em outras situações a atividade "X" só poderá ser iniciada a partir de um determinado dia, independentemente de quando o projeto tenha sido iniciado. Tais situações são chamadas de restrições de datas.

Existem diversos tipos de restrições que serão posteriormente apresentados. Mesmo depois de todas as adequações o cronograma ainda não estará pronto. Estaria se, por exemplo, os *stakeholders* não tivessem levantado a questão de que "o carro alegórico para o desfile na Sapucaí só ficará pronto na Páscoa". Como já falamos, a arte faz parte do planejamento. O projeto precisa ser exequível. Afinal de contas, o resultado é para o carnaval, e não para 40 dias depois, na Páscoa.

A resposta para sair dessa situação é simples e óbvia: o cronograma precisa ser encurtado. Mas como reduzi-lo? Ou, adotando a palavra mais correta, comprimi-lo? Existem diversas técnicas para fazer a compressão do cronograma.[12] Primeiramente, reavaliar as estimativas, alterar algumas relações de dependência, buscando paralelizar de todo ou parcialmente atividades sequenciais. Mas isso não pode ser feito em qualquer atividade. Além disso, normalmente quando se busca o paralelismo em atividades que originalmente foram programadas em sequência, se aumenta o risco do projeto. De qualquer forma, o primeiro passo para buscar uma redução na duração é determinar quais as atividades decisivas para a duração total do projeto. O conjunto ou caminho das atividades que têm uma influência direta na duração do projeto é conhecido como caminho crítico. A seguir serão detalhadas as diferentes etapas necessárias para elaborar um cronograma realista e que seja, ao mesmo tempo, exequível.

---

[12] Trocadilho muito comum no meio de gerenciamento de projetos: a confusão entre técnicas de compressão de cronograma e trabalhar "com pressão" no cronograma do projeto.

Montando o cronograma do projeto

O desenvolvimento do cronograma deve ser feito iterativamente, ou seja, elaborado de forma progressiva e repetida até o momento em que seus resultados sejam confiáveis e possam atender aos objetivos do projeto. O resultado principal desse processo é determinar "as datas de início e término planejadas para as atividades do projeto".

Um fator importante que deve ser considerado na sua elaboração é uma reavaliação das estimativas de duração e da quantidade de recursos de maneira a criar um cronograma do projeto que possa ser aprovado e atenda aos objetivos dos interessados. O cronograma será a linha de base (*baseline*) de prazo utilizada para acompanhar o progresso do projeto no decorrer de sua execução. O processo deve ser contínuo ao longo do projeto e, portanto, não se conclui. O gerente de projeto deve estar sempre atento, pois cada evento inesperado que ocorrer deverá gerar revisões no planejamento.

O primeiro ingrediente recomendado para a elaboração de um cronograma é a lista das atividades com sua estimativa provável de duração e o sequenciamento representado no diagrama de rede. Outras considerações incluem: quais recursos serão utilizados, sua disponibilidade (calendários) e experiências vivenciadas em projetos similares. Além disso, o entendimento claro dos objetivos do projeto, as premissas e restrições que foram consideradas quando do estabelecimento de estimativas, relações de dependências e atribuição de recursos.

Geralmente, as metodologias de projeto documentam esses fatos na declaração de escopo, que é elaborada durante a fase de concepção do projeto, e aprimorada ao longo do planejamento. Outros aspectos que são avaliados tratam dos registros dos riscos e dos diferentes planos de gerenciamento (escopo, custos, tempo, riscos) documentados no plano de gerenciamento do projeto, pois eles podem afetar diretamente o cronograma.

Uma das questões muitas vezes ignorada na elaboração do cronograma é relativa àquelas datas que estão "amarradas" a determinadas situações. Inicialmente, podemos considerar o cronograma de um projeto como um conjunto de atividades conectadas entre si, formando uma rede. Essas atividades compõem uma cadeia que depende da data de início do projeto. Fazendo uma analogia como na figura 27, imagine um conjunto de boias amarradas entre si e flutuando em uma lagoa. A boia 1 está ancorada em uma determinada posição no fundo de um lago, e a posição das demais boias depende da boia 1. Quando a movemos, todas as demais serão deslocadas.

Figura 27

ANALOGIA DE RESTRIÇÕES DE DATAS: AMARRAÇÃO NA BOIA 1

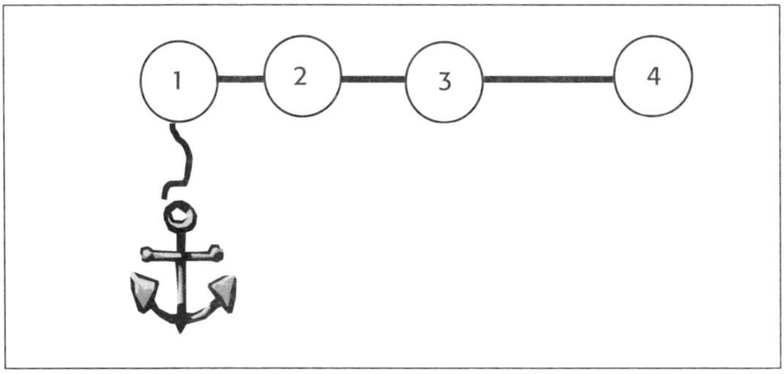

Em determinadas situações, outras boias também terão âncoras, então, mesmo que se desloque a boia 1, as demais serão movidas. Talvez algumas possam ser puxadas para um lado, mas não para o outro, ou permanecerão imóveis. Esse é o efeito das restrições de datas sobre o cronograma, conforme a figura 28. As datas poderão ser antecipadas, mas não retardadas; outras, por sua vez, poderão ser apenas postergadas.

Figura 28

ANALOGIA DE RESTRIÇÕES DE DATAS: AMARRAÇÃO NAS BOIAS 1 E 3

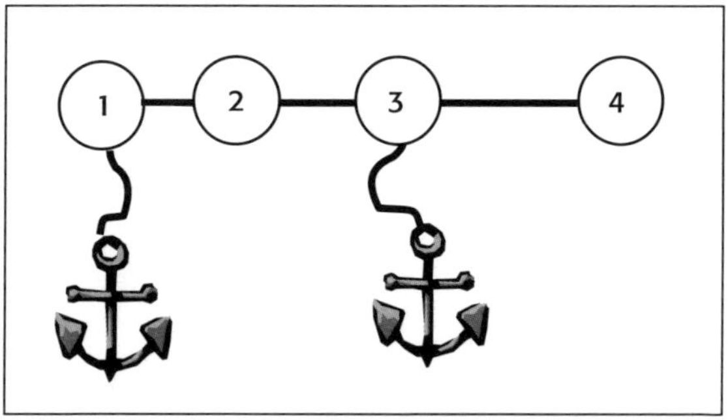

Algumas vezes teremos na programação do projeto atividades com datas predeterminadas como: conduzir reuniões, participar de treinamentos, entregar documentos para cumprir requisitos governamentais etc. Essas atividades estão, de certa forma, "ancoradas", com algum tipo de restrição em sua flexibilidade. Tal condição é conhecida como restrição de data (*date constraint*). As restrições controlam o início ou o final de uma atividade e o grau de quanto ela poderá ser reagendada. São classificadas em três categorias: flexíveis, semiflexíveis e inflexíveis.

Restrições flexíveis

A data de início ou de término de uma atividade poderá ser reagendada. Os tipos de restrição incluem:

- atividade pode ser iniciada tão logo possível — a atividade se inicia assim que as atividades predecessoras tenham sido concluídas ou iniciadas;
- atividade pode ser iniciada o mais tarde possível — nessa condição as atividades se iniciarão o mais tarde possível,

sem comprometer o prazo final do projeto. A atividade é deixada para a última hora. Por exemplo, deixar para fazer a declaração de imposto de renda na última hora, mas sem atrasar sua entrega.

Restrições semiflexíveis

Nesse tipo de restrição uma atividade tem limites para ser reagendada. Existe flexibilidade para mudar o início ou término de uma atividade, ou para mais ou para menos. Os tipos de restrição incluem:

- atividades podem ser atrasadas, mas não antecipadas — não iniciar antes de, não terminar antes de. Por exemplo, a atividade pode ser iniciada a partir do dia 12, 13 de maio etc. Mas não pode começar no dia anterior, 11 de maio;
- atividades podem ser antecipadas, mas não atrasadas — não iniciar depois de, ou não terminar depois de. Por exemplo: a atividade pode ser iniciada no máximo até o dia 12 de maio. Não poderá ser iniciada no dia 13 de maio.

Restrições inflexíveis

Nesse tipo de restrição, antecipações ou adiamentos não são tolerados. Ou seja, tem de começar ou terminar na data especificada. Por exemplo, a escola de samba vai desfilar naquela data, nem antes nem depois:

- atividade deve começar em — a atividade deve se iniciar na data especificada, nem antes nem depois;
- atividade deve terminar em — a atividade deve terminar na data especificada, nem antes nem depois.

As informações de restrições podem ser inseridas na maioria dos softwares de gerenciamento de projetos. Como exemplo, usamos o MS-Project©, a partir do quadro Informações sobre a tarefa, na aba *Avançado*, como mostrado na figura 29.

Figura 29

RESTRIÇÕES EM ATIVIDADES

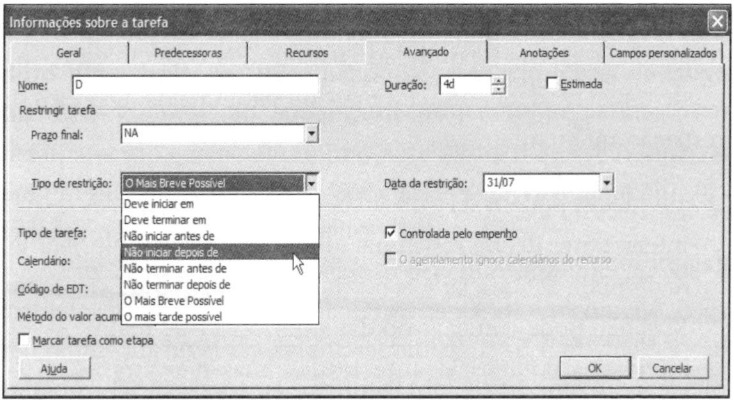

Técnicas para desenvolvimento de cronogramas

Elaborar um cronograma requer o uso de uma análise do diagrama de rede criado anteriormente no processo de sequenciamento das atividades. Essa análise faz uso de uma diversidade de técnicas analíticas que têm como objetivo principal obter as datas mais cedo e mais tarde de cada atividade, identificando as folgas e qual o conjunto ou caminho das atividades que determinam a duração total do projeto. Muitos outros autores da área destacam a importância do uso de uma ferramenta computadorizada, em virtude de o processo ser uma atividade complexa, que dificilmente poderá ser feita de forma manual. Um programa permitirá avaliar rapidamente diferentes cenários e efetuar os cálculos necessários para determinar o caminho crítico, calcular folgas e a duração total do projeto e, principalmente, permitir uma análise de cenários.

Um dos produtos mais populares do mercado é o Microsoft Project©. Evidentemente, existem outros produtos iguais ou até com mais recursos, mas sua facilidade de uso, disponibilidade em português e acessibilidade (a literatura especializada oferece cópias de avaliação por períodos de até 120 dias) tornaram-no bastante popular.

Entre as técnicas analíticas adotadas, podemos destacar algumas mais usadas: o método do caminho crítico (*critical path method*), método da corrente crítica,[13] análise de cenários "e se", ajustes e distribuição dos recursos (nivelamento de recursos). Destes, o mais conhecido e utilizado é, sem dúvida, o método do caminho crítico (CPM), popularizado e ensinado em cursos de administração, engenharia e outros afins. Mas, antes de apresentar essas técnicas, alguns conceitos fundamentais devem ser introduzidos, como atividades convergentes, datas mais cedo (*early dates*) e datas mais tarde (*late dates*).

Datas mais cedo e mais tarde

Todas as atividades têm uma faixa de datas permitidas para seu início e término, sem comprometer a duração total do projeto. Esse fenômeno acontece porque os diagramas de rede são constituídos por diferentes rotas ou caminhos. Logo, algumas atividades passam a ter diversas possibilidades para serem iniciadas e terminadas.

A oportunidade mais cedo para iniciar ou terminar uma atividade é o que chamamos de data mais cedo (*early date*), e a oportunidade mais tarde é chamada de data mais tarde (*late*

[13] O método, na verdade a filosofia pertinente à corrente crítica, será explicado no último capítulo deste livro.

date). Nem sempre a data mais cedo é diferente da data mais tarde. Quando isso acontece, dizemos que a atividade é crítica. Para exemplificar, vamos adotar o diagrama de rede apresentado na figura 30.

Figura 30

DIAGRAMA DE REDE

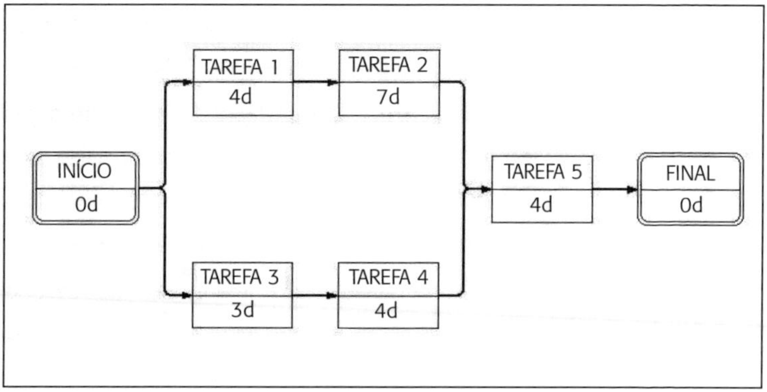

Observe que o caminho formado pelas tarefas 1 e 2 (T1-T2) pode ser concluído em 11 dias, ou seja, estaríamos na tarefa 5 no início do dia 12; já o caminho das tarefas 3 e 4 (T3-T4), se iniciado o mais cedo possível, estaria concluído no início do dia 8, mas em função da dependência do caminho T1-T2 a tarefa 5 teria que aguardar a conclusão da tarefa 2.

Por conta disso, as tarefas do caminho T3-T4 não necessitariam começar no primeiro dia. Elas poderiam começar mais tarde, sem prejuízo para a duração total do projeto. A data-limite na qual uma tarefa pode se iniciar ou terminar sem comprometer o término do projeto é sua data mais tarde. Esse cálculo é fundamental para podermos achar o chamado caminho crítico do projeto, como veremos a seguir.

O caminho crítico

Apesar da existência de outros métodos, o caminho crítico é a base para o cálculo da maioria dos cronogramas de projeto, programas de gerenciamento de projeto, metodologias etc. É um processo que determina quando o trabalho poderá ser feito, tomando como base o diagrama de rede e as estimativas de duração das atividades, incluindo aí a identificação dos atrasos (*lags*) e das restrições de data do projeto. O produto desse processo é a obtenção de datas teóricas de início e término (tanto mais cedo quanto mais tarde) das atividades do projeto. Para isso, são necessárias duas análises: uma para frente — feita nos caminhos de ida (do começo para o final), e outra para trás — feita no caminho de volta (do final para o começo).

O resultado do processo para frente determina as datas mais cedo (início e final) de cada atividade e são chamadas de início mais cedo (*early start date*) e término mais cedo (*early finish date*). Ao final do processo, teremos a duração total do projeto. Por sua vez, o processo de cálculo para trás identifica o par das datas mais tarde calculando a folga das atividades, que determinará o caminho crítico, conforme representado na figura 31. A diferença entre a data mais tarde e a data mais cedo é definida como folga total.[14]

Aquelas atividades com a menor folga (geralmente zero) formarão o caminho através da rede que tem menor flexibilidade. É o que chamamos de caminho crítico. A criticidade se dá em função de que, caso o caminho atrase, todo o projeto também atrasa, comprometendo resultados operacionais, entrega de um novo produto, uma pesquisa ou equivalente.

---

[14] Os conceitos de folga total e de folga livre são explicados mais à frente neste mesmo capítulo.

Figura 31

PROCESSO DE CÁLCULO DAS DATAS

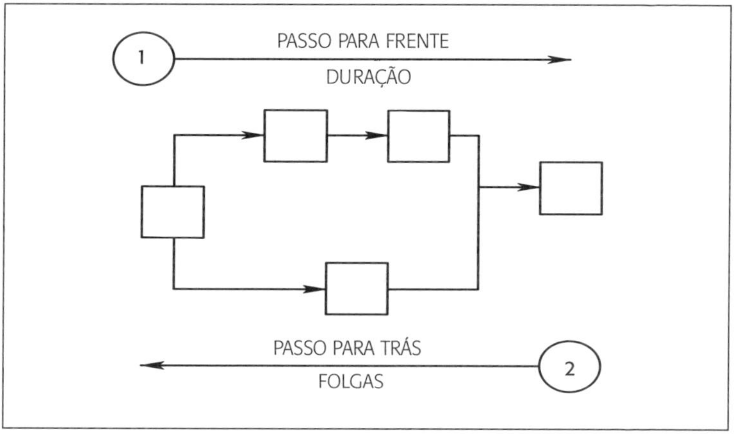

Tipos de ligações entre atividades

Em um diagrama, as conexões entre as atividades podem assumir três tipos diferentes, conforme se pode ver na figura 32.

Figura 32

TIPOS DE LIGAÇÕES ENTRE ATIVIDADES

Predecessora → Sucessora	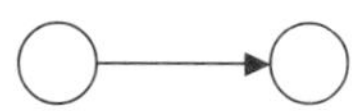
Predecessora → Sucessoras (ponto divergente)	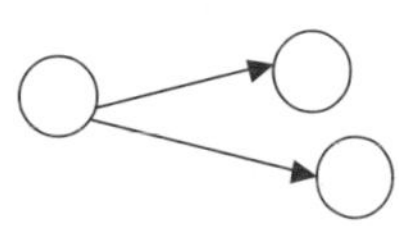
Predecessoras → Sucessora (ponto convergente)	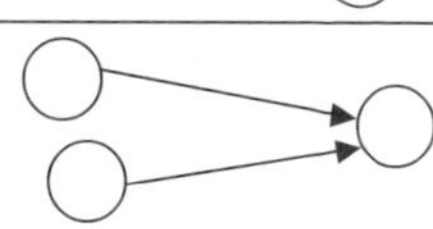

Durante o processo de cálculo do caminho crítico devemos observar um método diferente para cada tipo de ligação existente. Para demonstrar o processo iremos representar as atividades adotando a convenção mostrada na figura 33.

Figura 33

CONVENÇÃO PARA REPRESENTAÇÃO DO DIAGRAMA

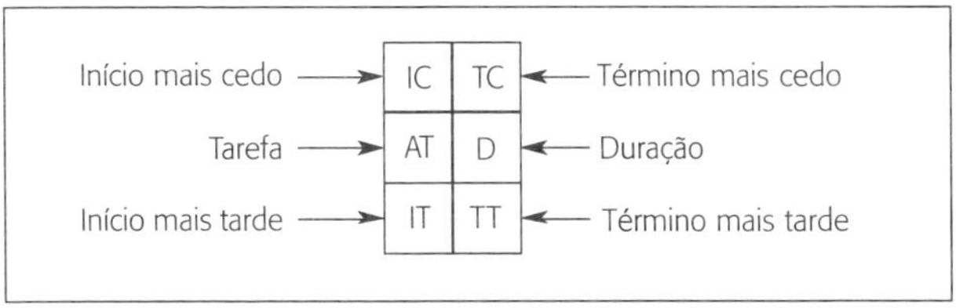

A ideia é demonstrarmos todo o processo de cálculo passo a passo, exemplificando os três tipos de ligação citados e adotando o diagrama de rede da figura 34.

Figura 34

EXEMPLO DE DIAGRAMA DE REDE PARA DEMONSTRAÇÃO DO CÁLCULO DE DATAS

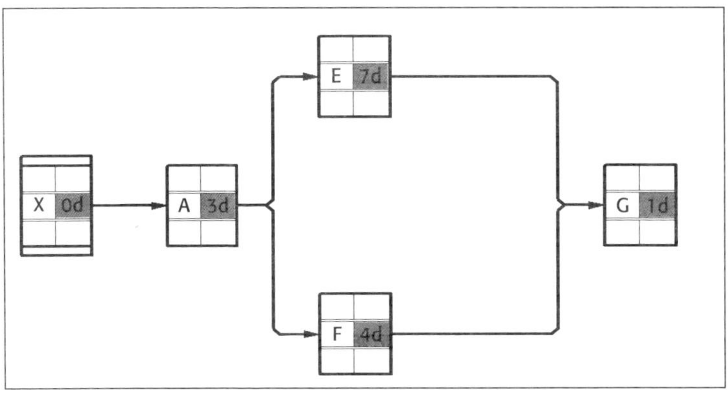

1º passo: calculando a duração (ida)

O primeiro passo é calcular as datas de início mais cedo. Vamos assumir que nosso projeto se inicia no dia 1 com uma atividade X do tipo marco (*milestone*), que tem sua duração igual a zero. Lembre-se de que uma atividade pode ser de dois tipos:

- uma ação realizada por recursos que têm um esforço e uma duração;
- marcos que representam etapas cumpridas que não possuem esforço ou duração associados, portanto o valor de sua duração é zero. Na figura 35 o processo é demonstrado por meio de três quadros.

Figura 35

DIAGRAMA DE REDE EXPANDIDO PARA FACILITAR O CÁLCULO

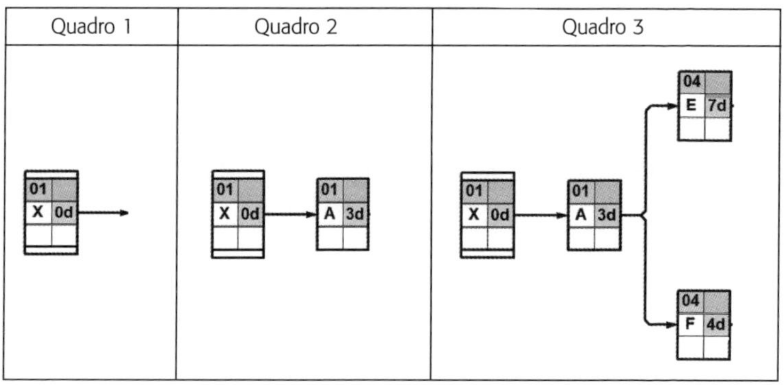

Devemos inserir a data de início do projeto no campo correspondente à primeira atividade (quadro 1 da figura 35). Lembre-se de que um diagrama de rede bem elaborado só pode ter uma única atividade de início. O quadro 2 da figura 35 apresenta uma conexão do tipo predecessora → sucessora.

Para calcular a data de início, a seguinte fórmula deve ser aplicada:

Início da atividade sucessora	=	Início da predecessora	+	Duração da predecessora
Início da atividade sucessora	=	Início	+	Duração
A		1		0

No espaço correspondente da atividade A o valor obtido é escrito (veja quadro 2 da figura 35). A atividade seguinte, mostrada no quadro 3 da mesma figura, tem uma ligação do tipo predecessora → sucessoras (ponto divergente) que resulta em uma divisão de caminhos. No cálculo de ida, este caso utiliza o mesmo mecanismo de cálculo do anterior. Temos então:

Início da atividade sucessora	=	Início	+	Duração
E		1		3
F		1		3

A figura 36 apresenta uma ligação do tipo convergente, quando duas ou mais predecessoras encontram uma sucessora. Para cada predecessor é aplicada a fórmula anterior.

Figura 36

DIAGRAMA COM TODAS AS DATAS MAIS CEDO CALCULADAS

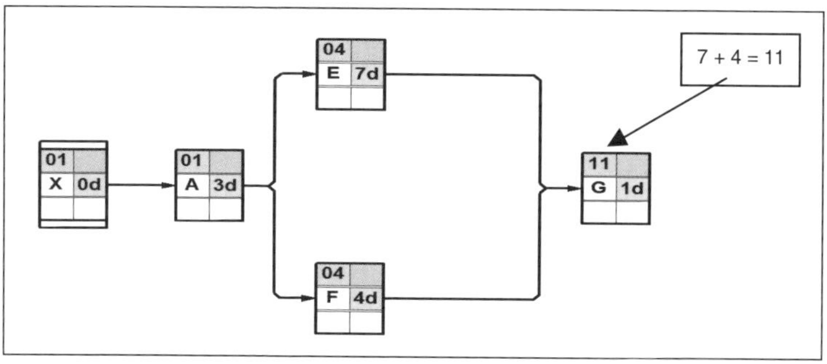

Início da atividade sucessora	=	Início	+	Duração
G	E	4		7
G	F	4		4

No caso da figura 36 a atividade G tem duas possíveis datas de início (11) ou (8). Fica a dúvida sobre qual data deve ser considerada. Nesse caso, sempre deve ser considerado o maior valor, pois a atividade G só se iniciará quando ambas as predecessoras estiverem concluídas, nesse caso apenas no dia 11.

2º passo: calculando as datas de término (volta)

A data de término mais cedo pode ser calculada a partir de dois métodos. Um deles, mais antigo, que não apresenta resultados 100% corretos na visão de diversos autores, é chamado de "somar a duração", que considera que uma atividade que se inicie hoje e com a duração de um dia estará concluída no dia seguinte (DT = DI + duração). Esse caso não demonstra uma situação real. Uma atividade iniciada hoje, com um dia de duração, terminará hoje.

Outro procedimento utilizado é conhecido como método de "subtrair um", onde são adotadas duas fórmulas, uma para marcos (duração = zero) e outra para atividades regulares.

Marco de projeto → término = início; atividades regulares → término = início + duração – 1

Atividade	Duração	Início	Término
A	1	1 jul.	1/7

Atualmente, o método 2 é o mais adotado, pois apresenta resultados realistas. Se uma atividade durar um dia, deve iniciar hoje e terminar hoje, e não no dia seguinte. Essa fórmula de cálculo é também adotada pela grande maioria dos softwares de gerenciamento de projetos. Após o cálculo das datas de término mais cedo, teremos o resultado mostrado na figura 37.

Figura 37

CÁLCULO DAS DATAS DE TÉRMINO MAIS CEDO (*EARLY FINISH DATE*)

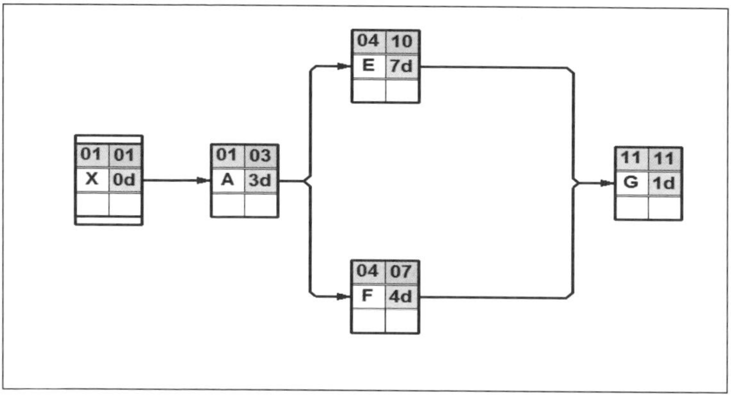

No exemplo, a data de conclusão será no dia 11.O próximo passo é determinar as folgas das atividades e identificar o quanto de folga terá o projeto.

Calculando as folgas do projeto

Para determinar as folgas, primeiro deve ser calculada a data de término mais tarde e em seguida a data de início mais tarde.

- Na atividade G (última atividade), transcreva os valores da linha de cima (mais cedo) para a linha de baixo (mais tarde).
- Para atividades com duração maior que zero você deverá subtrair 1 do valor da data de início mais tarde da atividade G e transcrever nos campos correspondentes das atividades E e F. Observe que temos uma situação "ponto divergente", ou seja, de um (atividade G) para muitos (atividade E e atividade F).

- Para calcular a data de início mais tarde subtraia a data de término mais tarde da duração e adicione 1. Em nosso exemplo, a atividade E (10 – 7 = 3; 3 + 1 = 4).
- A próxima situação é de convergência, nesse caso de muitos para um (atividades E, F para atividade A). Existem dois valores de data de início mais tarde (E = 4 e F = 7). Qual deverá ser adotado? No cálculo para trás (caminho de volta) é utilizado o valor menor (E = 4).
- A próxima atividade no caminho de retorno é a X. Como seu valor é igual a zero os valores serão transcritos diretamente (não subtrair 1).

Observe o diagrama de rede completo na figura 38. O processo é relativamente complexo em redes com muitas atividades. O cálculo das datas mais cedo e mais tarde é uma das funcionalidades disponíveis nos softwares para o gerenciamento de projetos.

Figura 38

DIAGRAMA COMPLETO APÓS CÁLCULO DE TODAS AS DATAS

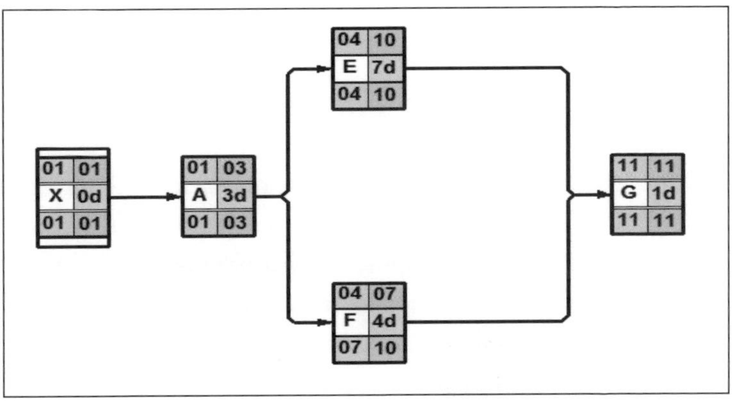

A próxima etapa é calcular as folgas aplicando a seguinte fórmula:

Folga = término mais tarde – término mais cedo

As atividades com a menor folga são conhecidas como atividades críticas e formam o caminho crítico do projeto. Mas é preciso ainda entender melhor a função das folgas e quais benefícios sua análise pode trazer para o gerente do projeto. Existem dois tipos de folgas:

- folga total — é quanto tempo uma atividade pode ser adiada sem comprometer a data final de um projeto. Quanto maior a folga total de um projeto, mais contingência ela terá;
- folga livre — é o tempo que é possível atrasar o início de uma atividade sem adiar o início das atividades sucessoras.

Essas informações podem ser utilizadas para dois propósitos principais. O primeiro é para determinar quais atividades são mais críticas e oferecem menor contingência. Portanto, devem ser observadas mais de perto, pois seu atraso implica o atraso do projeto todo. O segundo propósito é identificar quais atividades terão maior flexibilidade, permitindo redistribuição de seus recursos. Na maioria das vezes, após o cálculo do cronograma, a data desejada para a conclusão do projeto normalmente não é alcançada. Pode ser feita uma redução ou aceleração do cronograma para atender aos objetivos de prazo, conforme a seção a seguir.

Aceleração do cronograma

Reduzir a duração do projeto significa diminuir o tamanho do caminho crítico. Existem duas técnicas de aceleração: a conhecida por compressão ou *crashing*, e outra, conhecida como paralelismo ou *fast tracking*. Veja:

- compressão (*crashing*) — técnica que leva em conta a relação entre custo-cronograma. Uma das maneiras é por meio da adição dos recursos em atividades do tipo orientado ao empenho, em que esse incremento de recursos se traduza em redução da duração. Exemplo: um pintor pinta uma sala em 10 horas. Se colocarmos outro pintor, a atividade pode ser feita em um tempo menor. Como citado no capítulo anterior, nem toda atividade terá redução de duração ao se adicionarem mais recursos;
- paralelismo *(fast-tracking)* — tipo de técnica que faz com que fases, pacotes de trabalho ou atividades sejam executados em paralelo quando originalmente foram planejados para serem executados em sequência. A aplicação desse tipo de técnica tende a aumentar o risco do projeto e, eventualmente, ampliar o retrabalho.

O conteúdo deste capítulo é muito importante para o planejamento do projeto. Nele, geramos o cronograma e identificamos o conceito e o cálculo matemático por trás do caminho crítico. Também tivemos uma ideia das técnicas para sua aceleração. Uma vez o cronograma montado, no próximo capítulo veremos outro ponto muito importante e, por vezes, esquecido: como controlar o cronograma obtido e gerir efetivamente o projeto.

6

Controle do cronograma

Após a criação do cronograma, entramos efetivamente na fase de execução e controle do projeto, que são os pontos abordados neste capítulo. Como mencionamos, é importante registrar que um dos problemas mais comuns em todos os projetos é, justamente, a fase de controle, ou a sua ausência. Aqui veremos algumas alternativas com o objetivo de medir o desempenho do projeto por meio do monitoramento da variável tempo.

O conceito de controle

Entendemos que, na verdade, não controlamos a variável tempo, mas sim os fatores de produção e seu comportamento em termos de oferta e demanda ao longo do desenvolvimento do projeto. Entre os itens relevantes desse comportamento, listamos os seguintes:

- se os fatores de produção, especialmente os recursos humanos, serão ofertados em quantidades suficientes por todo o período de produção, sem descontinuidade;

- se as demandas por recursos entre atividades simultâneas não comprometerão a estimativa final do prazo do projeto, obtido por meio do desenvolvimento do cronograma;
- se os níveis de produtividade que serviram de base para estimativa das durações estão sofrendo variações relevantes que necessitem de ações corretivas para recuperar ou minimizar possíveis impactos no prazo do projeto.

O controle de prazos pode ser visto como um processo de monitoramento contínuo, envolvendo a análise das causas, seus efeitos sobre as durações do projeto e se esses desvios estão dentro das margens estabelecidas. Esse processo deve se estender com os diversos níveis das estruturas de análise dos projetos, considerando os pacotes de trabalho, a estrutura analítica organizacional e a estrutura de custos, visando minimizar os efeitos negativos das possíveis variações no resultado do projeto, a tempo de os gestores desenvolverem ações necessárias, como mostramos na figura 39.

Figura 39

MAPA DO CONTROLE DO CRONOGRAMA

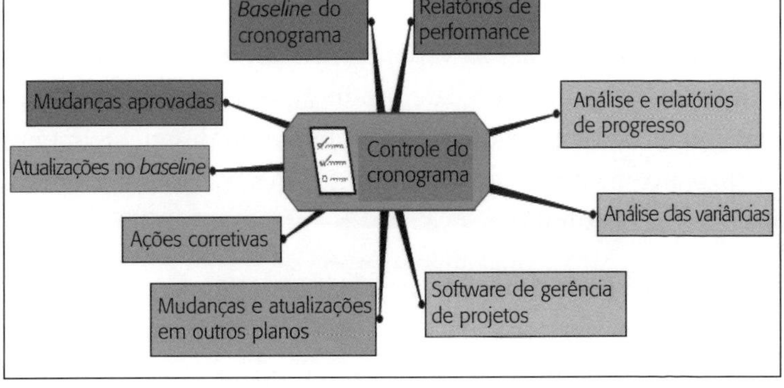

Objetivando avaliar corretamente o progresso do projeto, Cleland (1999) propõe algumas condições e entendimentos que se fazem necessários. São eles:

- os integrantes da equipe devem compreender e estar comprometidos com a importância do processo de monitoração, avaliação e controle do projeto;
- o pacote de trabalho (EAP) constitui a unidade básica e fundamental do projeto em torno da qual o progresso do projeto pode e deve ser medido e avaliado;
- informações usadas para fins de controle do projeto devem ser relevantes, precisas e acessíveis à demarcação de tendências no uso de recursos do projeto;
- a medição dos resultados do projeto deve iniciar com uma avaliação do *status* de todos os pacotes de trabalho existentes no projeto;
- informações coletadas e compiladas sobre o *status* do projeto devem ser ajustadas por meio do julgamento feito pelos componentes da equipe de projeto e executivos envolvidos.

O monitoramento de um projeto requer um sistema que seja simples, contínuo e adequado à sua necessidade, devendo: ser relacionado com as demais áreas de conhecimento de gerenciamento de projetos; apresentar excelente relação benefício/custo; ser sensível à periodicidade das datas de *status*, permitindo que ações sejam tomadas a tempo; ser suficientemente flexível para ajustar-se à velocidade das mudanças no ambiente de projetos; e prover informação, com o nível de concisão requerida, para os vários envolvidos no projeto. Esse sistema pode ser representado conforme a figura 40.

Figura 40

SISTEMA DE MONITORAMENTO DE PROJETOS

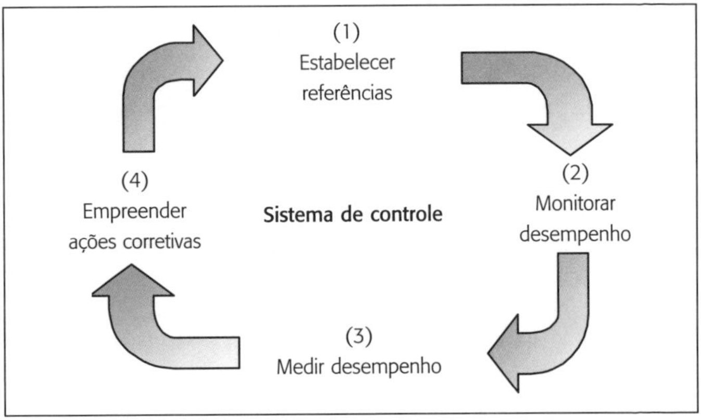

Fonte: Adaptado de Cleland (1999:325).

Cada um dos elementos é discriminado a seguir.

Estabelecendo referências

As referências são estabelecidas a partir do próprio plano do projeto que inclui, em geral:

- o escopo de trabalho e respectiva EAP;
- produtividades e métricas dos recursos (pessoal e equipamentos);
- histograma de recursos (disponibilidade e demanda);
- a duração das atividades e *baseline* das durações;
- a rede de precedência com caminho crítico identificado;
- os critérios de medição do progresso físico;
- os critérios de aceitação para desvios das durações;
- definição de custos diretos, custos indiretos, custos de aceleração, prêmios e multas.

Para cada elemento da EAP do projeto será definida uma duração com base na rede de precedência, nas produtividades estabelecidas e na disponibilidade da equipe básica a ser utilizada. Se o prazo final obtido for compatível com as restrições ou necessidades do cliente e com a distribuição racional dos recursos, o mesmo será mantido e servirá como linha de base (*baseline*) para controle do projeto. A linha de base do cronograma é um componente do plano de gerenciamento do projeto. Ela fornece a base para medição e emissão de relatórios de desempenho de prazos como parte da linha de base da medição de desempenho.

Monitorando o desempenho

Esse processo inclui o recebimento de informações relevantes, suficientes e precisas acerca do *status* do projeto, originárias de muitas fontes, como relatórios periódicos com progresso físico das tarefas executadas e reuniões de avaliação e revisão.

Durante as reuniões de avaliação e revisão deve-se: observar o progresso até a data, tendo como referência os pacotes de trabalho do projeto; questionar se alguma ação que deve ser implementada e que não está sendo feita contribuirá para melhorar o desempenho do projeto; avaliar em especial as produtividades e métricas estabelecidas no processo de planejamento; procurar perceber se a periodicidade estabelecida para os relatórios de progresso é sensível às possíveis ações corretivas necessárias; identificar se os interessados nos resultados do projeto demonstram satisfação pela sua condução; avaliar se a equipe e a organização respondem a tempo às necessidades do projeto e se os métodos e técnicas empregados são adequados à sua condução.

Quanto a esse ponto, nossa recomendação é que as reuniões sejam todas formais. Mesmo que seja apenas uma reunião interna, somente a equipe do projeto, é fundamental que seja confeccionada uma ata de reunião e que um *status* para cada ponto levantado seja anotado. Observe que é muito comum a discussão sobre desvios, mas não é tão comum o devido registro. A evolução só pode ser feita por meio da medição. Até porque, em um projeto, vale o que está escrito. Veja o exemplo da figura 41.

Figura 41

EXEMPLO DE REGISTRO DE AVALIAÇÃO DO *STATUS* DO PROJETO

Reuniões de análise do *status*

Data da reunião: ____/____/____

Participantes:		
Status do trabalho do projeto:		
Descreva como está o andamento das atividades do projeto, incluindo o progresso relacionado ao período.		
Problemas e questões especiais a serem resolvidos:		
Questão:	Responsável:	Datas:
Planos para o próximo período:		
Outras notas e interesses:		

Relatório de *status* encaminhado para:

Nome:	Cargo:	Data:

Medindo o desempenho

Esse processo consiste em comparar o previsto com o realizado, sobretudo na aplicação e no uso dos recursos, visando determinar se tal uso contribui para o cumprimento dos objetivos do projeto.

O desempenho do projeto deve ser avaliado regular e continuamente, para que sejam identificadas as variações derivadas da execução em relação ao plano de gerenciamento do cronograma. O processo envolve: verificar se os desvios até a data de *status* são relevantes e estão dentro dos critérios de aceitação estabelecidos no plano de gerenciamento do cronograma e comparar também as produtividades previstas com as realizadas.

Na figura 42 é possível observar um exemplo da análise da variação do prazo, por meio da utilização de um formulário de registro, incluindo os motivos da variação, os impactos que podem ser antecipados em função da variação e quais as ações corretivas planejadas.

A prática corrente para controle dos prazos dos projetos é feita por meio da análise dos cronogramas de barras, como visto, objetivando determinar os desvios das durações reais em relação às durações planejadas. Esse processo envolve o registro das datas de início/término das tarefas executadas, de acordo com a periodicidade dos relatórios, bem como os percentuais de conclusão (% *complete*) que, em alguns softwares, correspondem à duração real. Assim, estamos comparando apenas a duração prevista com a duração real, sem comparar o progresso físico, sendo esta última informação a mais importante. Entretanto, essa prática, embora disponibilize facilidade de compreensão, é insuficiente para determinarmos as causas dos desvios em nossos cronogramas. Como exemplo, a não representação do avanço ou progresso físico efetivo da realização da tarefa, conforme representado na figura 43, que possui diagrama de barras, com a duração da linha de base (barra do prazo original) acrescida de outras barras que nos auxiliarão na análise das variações de desempenho. As barras são:

Figura 42

EXEMPLO DE FORMULÁRIO PARA ANÁLISE DA VARIAÇÃO DO PRAZO

Análise da variação do prazo

Período avaliado: ___/___/_____ a ___/___/_____.

Atividade do projeto analisada	Datas de início/fim programadas	Datas reais de início/fim	Desvio até a data de *status* (dias)
Descrição da atividade	*15/2 a 20/8*	*15/2 a 25/8*	*5 dias*

Motivo da variação:
Descreva os motivos pelos quais ocorreram as variações na programação do projeto.
Impactos antecipados:
Descreva quais os impactos decorrentes da variação da programação (tanto atrasos quanto adiantamentos).
Ação corretiva planejada:
Descreva o que foi planejado como ação corretiva, no sentido de minimizar ou anular esses impactos.

Figura 43

DIAGRAMA DE BARRAS COM DESVIOS ENTRE PROGRESSO FÍSICO, DURAÇÃO PREVISTA, DURAÇÃO REAL E TRABALHO (HR)

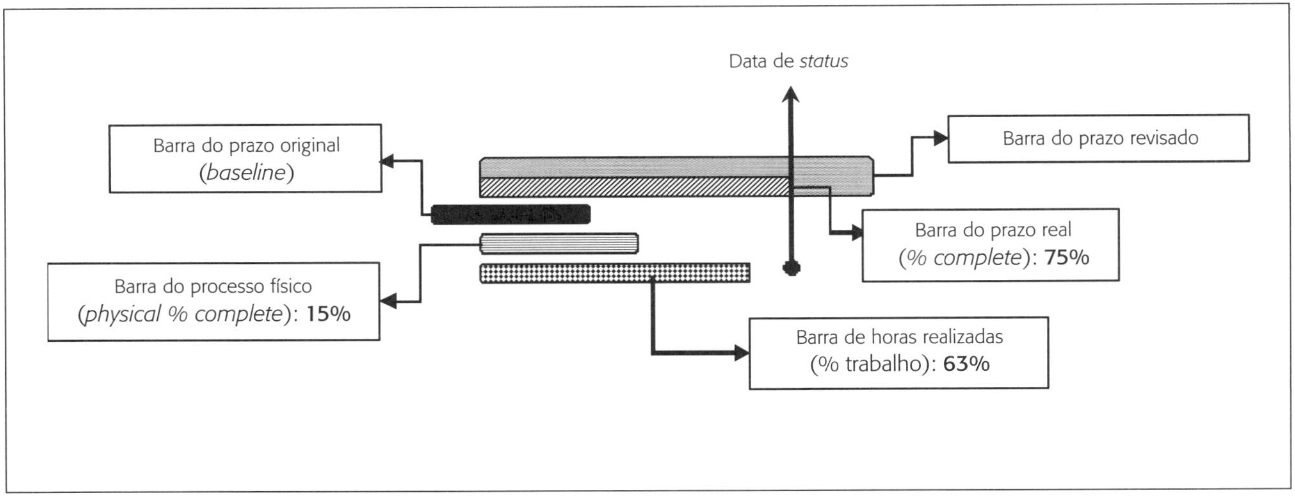

Obs.:

- % duração da linha de base – tempo decorrido desde a data de início da linha de base até a data de *status*, representada pela linha de base da duração da tarefa, correspondente a 100% na figura;
- % concluído (% *complete*) – duração real desde a data de início até a data de *status*, em unidade relativa, proporcional à nova duração ou duração revisada (75%). Exemplo: duração real = 15 dias; duração revisada = 20 dias (75% = 15/20);
- % físico executado (*physical % complete*) – progresso físico resultante da medição da tarefa realizada (15%);
- % trabalho – horas efetivas apropriadas proporcionais, devido ao progresso físico na execução da tarefa. Exemplo: 63 h realizadas em comparação a 100 h previstas para realização total da tarefa (63% = 63/100).

- duração revisada;
- duração real (% concluído);
- progresso físico (% físico executado);
- trabalho realizado (% horas realizadas).

Essas quatro entradas são de fundamental importância para a medição do desempenho das durações, do progresso e da produtividade, como veremos adiante. Uma vez estabelecida a referência, por meio da duração da linha de base (*baseline*), poderemos desenvolver uma análise mais refinada, na data de *status* do projeto, comparando: % físico (progresso) x % concluído (duração real) x % trabalho (horas realizadas), representado por barras proporcionais, em unidades relativas (%).

Fazendo-se essa distinção, poderemos analisar cada variável independente e estabelecer relações entre elas, visando medir o desempenho do uso dos recursos e avaliar o desempenho do projeto em relação à duração real. Assim, é possível comparar os dados relativos às durações para a tarefa "A": linha de base da duração (exemplo: 100% decorrido); duração realizada (% *complete*, 75% decorrido em relação ao prazo revisado); progresso físico (15% executado) e horas realizadas (63% de horas efetivas). Poderemos analisar os desvios em termos absolutos e comparar com os critérios de aceitação, previamente estabelecidos no plano de gerenciamento do cronograma (figura 44), no qual até mesmo um indicador gráfico da variação pode ser utilizado para facilitar a visualização do *status* de cada atividade do cronograma.

Figura 44

Desvios absolutos da duração e término das tarefas

Tarefa	% físico executado	% concluída	Duração da linha de base	Duração revisada	Duração real	Variação da duração	Desvio da duração	Término da linha de base	Término	Variação do término	Desvio do término
Nova planta	62	57	90 d	75 d	42,63 d	–15 d		11/9	21/8	–15 d	
Gerenciamento	50	49	90 d	75 d	45 d	–15 d	☹️	11/9	21/8	–15d	☹️
Engenharia	100	100	10 d	15 d	15 d	–5 d	😐	22/5	2/6	7 d	😐
Projeto básico	100	100	5 d	3 d	3 d	–2 d	🙂	15/5	15/5	0 d	🙂
Projeto detalhado	100	100	5 d	10 d	10 d	5 d	😐	22/5	2/5	7 d	☹️
Suprimentos	100	100	5 d	6 d	6 d	1 d	🙂	29/5	8/6	6 d	😐
Tubulação	100	100	5 d	5 d	5 d	0 d	🙂	29/5	5/6	5d	😐
Cabos	100	100	5 d	4 d	4 d	–1 d	🙂	29/5	5/6	5d	😐
Motores	100	100	5 d	5 d	5 d	0 d	🙂	29/5	8/6	6d	☹️

Análise dos indicadores e critérios de aceitação:

🙂 variação entre menos dois dias e mais quatro dias em relação à duração ou data de término da tarefa.

😐 variação entre quatro e seis dias em relação à duração ou data de término da tarefa.

☹️ variação abaixo de menos dez dias e acima de seis dias em relação à duração ou data de término da tarefa.

Análise da variação das produtividades

As durações estimadas das tarefas que servem de base para elaboração do cronograma geralmente são obtidas de informações históricas, métodos probabilísticos, padrões e métricas. Esses dados, transformados em horas de aplicação de recursos, nos fornecem as produtividades estimadas, que para efeitos de planejamento são consideradas como premissas. Entendemos que a análise da variação das produtividades é um dos principais itens a serem controlados no desenvolvimento do projeto sob o ponto de vista das durações e prazos, visto que as estimativas das durações foram obtidas dessas produtividades que por sua vez serão representadas no diagrama de barras. Como exemplo, o apresentado na figura 45 demonstra a análise das produtividades com base nas informações de progresso físico das tarefas e agrupado por gerência funcional.

Uma parte importante do processo de monitoramento e controle é desenvolver ações preventivas para resolver problemas reais ou previstos. As principais ações incluem: controle de mudanças; controle do escopo; controle de *milestones*; controle de custos; controle de riscos; controle das produtividades e análise e controle dos desvios no cronograma. Como parte de controle geral de mudanças que impactam diretamente o prazo do projeto, apresentamos na figura 46 um exemplo de formulário para registro e obtenção de aprovação da requisição de mudanças do prazo do projeto.

Figura 45

EXEMPLO DE RELATÓRIO DE ANÁLISE DE PRODUTIVIDADES POR TAREFAS

Tarefa	% físico executado	Trabalho da linha de base	Quant. previstas	Horas previstas	Quant. real	Horas real	Prod. real	Prod. prevista	Prod. real/ prod. prev.	Desvio horas (DHr)	Indicador gráfico
⊟ **Construção**		**2.200 h**				**840 h**					
⊟ Elétrica	80	600 h	20.000	480	16.000	200 h	0,75	1,8	0,42	−280	☹
Cabos		*20.000 m*	*20.000*	*0*	*0*	*16.500 m*	*0*	*0*	*0*	*0*	*0*
Pedro		*600 h*	*600*	*0*	*0*	*200 h*	*0*	*0*	0		
⊞ Motores	**50**	**1.600 h**	**14**	**800**	**7**	**640 h**	**5.485,71**	**6.857,14**	**0,8**	**−160**	☹
⊟ **Engenharia**		102 h				134,77 h					
⊞ Projeto básico		56 h	30	56	40	38,77 h	58,15	112	0,52	−17,23	☹
⊞ Projeto detalhado		46 h	50	46	80	96 h	72	55,2	*1,3*	*50*	☺

Obs.:

- % físico executado – resultado da medição periódica dos serviços realizados representados pela medição física dos produtos entregues. Para cabos da elétrica, teremos: 80% = 16.000/ 20.000;
- quantidade prevista (total) – métricas físicas que servirão de referência para medição física dos produtos/serviços a serem entregues (ex.: pontos de função, m^3 de concreto etc.), cabos da elétrica = 20.000;
- horas previstas – quantidade de horas previstas para realização da tarefa, tendo como base a produtividade da equipe. Para a elétrica (1,8 min/m):480 h = (16.000 m x 1,8 min/m) x 60 min ou 80% x 600 h;
- quantidade realizada – quantidade realizada da tarefa/produto em unidades métricas (16.000 m);
- horas realizadas – apropriação das horas efetivas para realização da tarefa/produto: (200 h);
- produtividade prevista em minutos – resultado da divisão do tempo total em minutos pela quantidade física de produto a ser produzido (600 h x 60 min / 20.000 m = 1,8 min/m);
- produtividade realizada em minutos – resultado da divisão do tempo parcial realizado em minutos pela quantidade física realizada do produto até a data de *status* (200 h x 60 min / 16.000 m = 0,75 min/un);
- produtividade real/prevista – relação entre a produtividade real sobre a prevista (0,75 / 1,8 = 0,42);
- desvio em horas – horas realizadas menos horas previstas (480 h – 200 h = –280 h).

Análise dos indicadores e critérios de aceitação:

- ☺ relação entre produtividade real/prevista: entre 0,85 e 1,5;
- 😐 relação entre produtividade real/prevista: entre 1,5 e 2,0;
- ☹ relação entre produtividade real/prevista: maior que 2,0 e menor que 0,85.

Figura 46

EXEMPLO DE FORMULÁRIO DE REQUISIÇÃO DE MUDANÇA DO PRAZO

Informações sobre a mudança solicitada

Mudança requisitada por	
Nome da(s) pessoa(s) que solicitou(aram) a mudança	
Número da mudança	
Descrição detalhada da mudança requerida nos prazos do projeto	
Motivo	

Avaliação dos impactos da mudança

Efeitos no custo do projeto:
☑ **Aumento de custo estimado em aproximadamente ________%.**
☐ **Redução de custo estimado em aproximadamente ________%.**
Efeitos no planejamento:
Data final planejada do projeto ___/___/___ Nova data final do projeto: ___/___/___

	Nome	Assinatura	Data
Emitido por:	*Resp. pela elaboração*		___/___/_____
Aprovado por:	*Gerente do projeto*		___/___/_____

Empreender ações corretivas

A correção do fluxo de um projeto pode fazer uso de muitas estratégias diferentes para trazer de volta o cronograma do realizado para o previsto ou mesmo o equilíbrio entre a oferta e a demanda por recursos. Reconhecemos que nem sempre a aplicação dessas estratégias é tão simples quanto sua descrição, mas é importante que estejam documentadas até para servir de referência futura para análise do leitor. Algumas dessas estratégias são:

- replanejamento e reprogramação[15] das tarefas;
- realocação de fundos;
- realocação e redistribuição de recursos;
- análise "e se" (*what if*);
- nova designação de autoridade/responsabilidade;
- redução das durações com base nos custos diretos de aceleração.

Como sabemos, durante a execução do projeto (e também durante seu desenvolvimento) as alocações de recursos são alteradas. Algumas vezes mais do que uma atividade pode ser atribuída a uma mesma pessoa. Em outra situação, uma pessoa pode estar sem atividade, criando momentos de excesso de alocação (picos) ou poucas atividades (vales). Seria interessante do ponto de vista de uso do profissional que ele tenha seu trabalho distribuído mais uniformemente. Essa preocupação é tratada por meio da técnica que descreveremos a seguir.

---

[15] A diferença aqui adotada entre replanejamento e reprogramação está no fato de que quando se replaneja cria-se uma nova linha de base (*baseline*). Quando nos referimos à reprogramação, abarcamos tudo aquilo que podemos fazer para reprogramar atividades sem alterar a linha de base do projeto.

Nivelamento de recursos

A ideia do nivelamento de recursos é distribuir as atividades em função dos recursos disponíveis, antecipando ou atrasando atividades não críticas. A técnica é aplicada em um cronograma que já foi previamente gerado pelo método do caminho crítico e resulta em um cronograma ajustado, na maioria das vezes com datas de término superiores às originalmente encontradas antes do ajuste.

A técnica de nivelamento é conhecida por método baseado em recursos. Seu objetivo é minimizar as variações de período a período na alocação de recursos, deslocando atividades dentro das folgas permitidas, de maneira que o recurso possa ser utilizado de forma mais equilibrada, criando assim distribuições mais suaves de uso do recurso.

Essa técnica evita situações do tipo: uma pessoa trabalha esta semana, folga na seguinte e retorna na terceira semana. O trabalho é distribuído de maneira que o recurso não tenha que retornar à sua base e busque uniformidade de esforço em seu trabalho. Isso contribui para melhorar o moral da equipe devido à constância no trabalho e evita o estresse de sobrecarga.

Existem outras vantagens ao fazermos um nivelamento de recursos. Em primeiro lugar, é exigida uma menor interferência do gerenciamento se o uso de um determinado recurso é quase constante durante o período de utilização e, em segundo, se o uso for nivelado existe a possibilidade por parte do gerente de projeto de adotar políticas do tipo *just-in-time*, sem a preocupação de que a quantidade entregue esteja incorreta.

O nivelamento de recursos também tem fortes implicações na questão dos custos. Quando os recursos estão nivelados, existe uma tendência de que os custos também assim o sejam. Todas essas considerações relativas ao cronograma que vimos até agora precisam ser representadas de alguma forma para os diferentes tipos de *stakeholders* do projeto. Estes formatos são temas do próximo tópico.

Formas de representação do cronograma

Outro ponto importante a ser considerado é que os cronogramas podem ser apresentados de diversas maneiras, dependendo do público e da mensagem que o gerente de projeto deseja transmitir. Podem ser sumariados na forma de um gráfico de marcos (*milestone chart*) que comunica quando os principais eventos do projeto serão concluídos; na forma de um diagrama de Gantt que mostra quando as principais atividades serão executadas; ou detalhados na forma de uma planilha com diversas linhas e colunas. Veja os tipos mais comuns a seguir.

Diagrama de marcos

Geralmente é utilizado para comunicar resultados para os interessados em um nível mais alto: clientes, executivos e patrocinadores do projeto, porque não demonstra detalhes, como relacionamento entre atividades etc., que normalmente não são de interesse executivo. O principal objetivo é demonstrar o que já foi alcançado em termos de *milestones* do projeto, conforme a figura 47 procura exemplificar.

Figura 47

Exemplo de diagrama de marcos

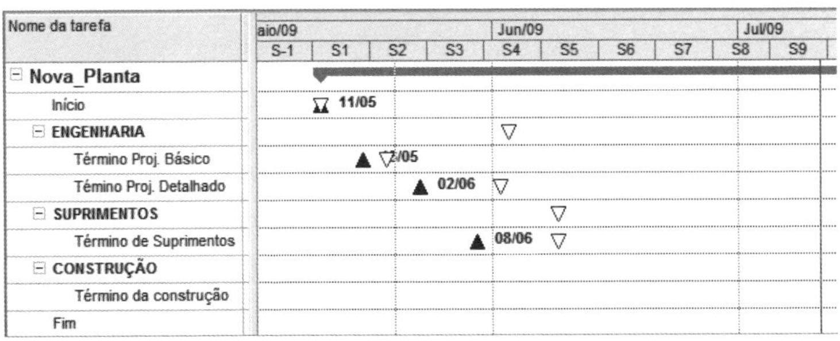

Diagrama de Gantt ou gráfico de barras

Nesse diagrama, as barras horizontais representam as atividades e mostram o período em que elas acontecem. A exibição pode ser de forma resumida, quando apenas os pacotes de trabalho ou níveis mais elevados são mostrados, ou de uma forma mais detalhada, mostrando as atividades propriamente ditas. Essa representação é fácil de ser lida e compreendida, mas quando detalhada em demasia pode confundir o usuário (figura 48).

Figura 48

EXEMPLO DE DIAGRAMA DE GANTT

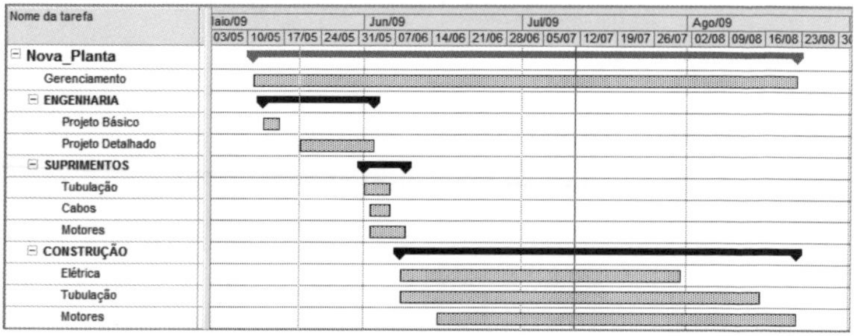

Alguns softwares permitem incluir novas funcionalidades no gráfico, tais como relacionamento entre as atividades, exibir as atividades críticas em cores diferentes etc. Durante a fase de execução, são frequentemente utilizados para relatar o progresso do projeto e a variância de cronograma com as atividades representadas em duas barras, uma planejada e a outra executada.

Diagrama de rede ou Pert

O diagrama de rede, que muitas vezes é incorretamente chamado de diagrama Pert, apresenta a relação entre as atividades e pode incluir informações adicionais de datas de início e término, recursos envolvidos, folgas, caminho crítico etc. O termo Pert vem de um projeto da Marinha americana de desenvolvimento de mísseis atômicos em submarinos chamados de

Polaris. O termo, originalmente, foi creditado à equipe que desenvolveu a técnica em 1958 e significa *program evaluation and review team*. Posteriormente, adotou-se a denominação *program evaluation and review technique*.

Os principais produtos de gerenciamento de projetos dispõem de diversos modos de exibição dos diagramas. O mercado disponibiliza produtos específicos para exibir o diagrama configurado conforme a necessidade do usuário. Um dos produtos mais populares e que dispõe de diversas funcionalidades é o Pert Chart Expert©, conforme a figura 49.

Figura 49

EXEMPLO DE DIAGRAMA DE REDE COM O PERT CHART EXPERT©

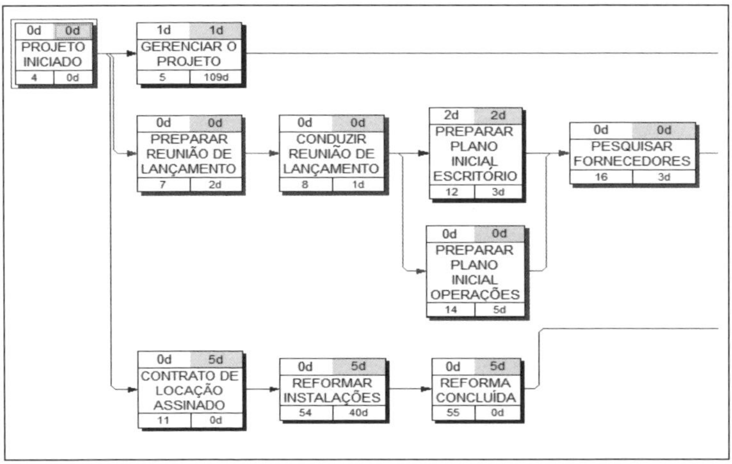

Planilha ou tabela

O cronograma é mostrado na forma tabular com a opção de exibição de diversas informações sobre cada uma das atividades do projeto. Não é a mais recomendada para apresentações executivas, a não ser que os níveis mais detalhados sejam "escondidos". A maioria dos programas permite que a tabela seja exibida na forma de estrutura de tópicos. A figura 50 exemplifica.

Figura 50

EXEMPLO DE TABELA COM DATAS DA PROGRAMAÇÃO DO PROJETO

Nome da tarefa	Duração	Responsável	Início	Término	Início real	Término real	Predecessoras
⊟ Nova planta	**75 d**	**Gerente de projetos**	**11/5**	**21/8**	**11/5**	**ND**	
Gerenciamento	75 d	Gerente de proejtos	11/5	21/8	11/5	ND	1
⊟ Engenharia	**15 d**	**Gerente de engenharia**	**13/5**	**2/6**	**13/5**	**2/6**	
Projeto básico	3 d	Maria	13/5	15/5	13/5	15/5	1
Projeto detalhado	10 d	Dibert	20/5	2/6	20/5	2/6	5
⊟ Suprimentos	**6 d**	**Gerente de suprimentos**	**1/6**	**8/6**	**1/6**	**8/6**	
Tubulação	5 d	Comprador	1/6	5/6	1/6	5/6	7
Cabos	4 d	Comprador	2/6	5/6	2/6	5/6	7
Motores	5 d	Comprador	2/6	8/6	2/6	8/6	7
⊟ Construção	**55 d**	**Gerente de construção**	**8/6**	**21/8**	**8/6**	**ND**	
Elétrica	39 d	Pedro	8/6	30/7	8/6	ND	10
Tubulação	50 d	João	8/6	14/8	8/6	ND	9
Motores	50 d	Cardoso	15/6	21/8	15/6	ND	11

Neste capítulo vimos a importância do controle para o gerenciamento do tempo em projetos. É fundamental que façamos a devida análise de variação entre o previsto e o realizado, seja por meio de indicadores conforme apresentado, seja por meio de relatórios. O bom andamento do projeto depende dessa análise constante durante sua execução. Mas algumas outras considerações são necessárias no que diz respeito ao gerenciamento do tempo em projetos. São processos um pouco mais elaborados, mas que consideramos de vital importância para o conhecimento do gerente do projeto. São esses os tópicos apresentados nos próximos capítulos e que, na verdade, funcionam como uma evolução dos capítulos anteriores.

7 Análise do valor agregado

Vamos abordar neste capítulo um método não exatamente novo, já que suas primeiras utilizações datam da época do pós-guerra, mas que consideramos que poderia ser ainda muito utilizado por organizações de todos os portes e segmentos, no que diz respeito ao gerenciamento de projetos: a análise do valor agregado.

Introdução ao EVM

O método tradicional de comparação entre o previsto e o realizado, com o intuito de medir o desempenho de um projeto e obtido por meio do diagrama de barras ou custos previstos *versus* custos realizados, geralmente não é o mais adequado. Na verdade, é insuficiente para analisarmos o desempenho do projeto. O diagrama de Gantt apresenta somente os desvios por meio das datas de início e término entre as barras do previsto e realizado de cada tarefa e não o trabalho empreendido para realização dessas tarefas.

O fato de um gerente ter utilizado cinco dias consecutivos no desenvolvimento de determinada tarefa, que estava programada para 10 dias, não quer dizer que ele executou efetivamente 50% dessa tarefa, nem que esse esforço corresponda aos mesmos 50% do tempo decorrido, como já foi demonstrado. Vimos também a importância de medir as produtividades representadas pelo esforço ou trabalho em termos de horas alocadas às tarefas.

O gerenciamento do valor do trabalho realizado (*earned value management*, EVM), ou simplesmente análise de valor agregado, vem suprir essa deficiência, à medida que cada pacote de trabalho tem estimativas de custos para material, mão de obra e equipamento. O EVM apresenta-se como a melhor metodologia para integrar escopo, prazos, custos e progresso do projeto, baseado na atribuição do custo orçado das tarefas.

O EVM é um método bastante difundido nos Estados Unidos, criado pelo Departamento de Defesa daquele país, hoje amplamente utilizado em diversos países, e que objetiva medir o desempenho dos projetos considerando as quantidades das tarefas realizadas em termos de custos orçados, associado aos períodos de realização dessas tarefas, e os custos incorridos acumulados até a data de análise.

O método permite associar as produtividades e os custos orçados de execução, obtidos pela multiplicação do progresso físico de cada tarefa ou pacote de trabalho pelo custo orçado, correspondente à linha de base ou orçamento aprovado para essas tarefas. Assim, estaremos estabelecendo uma unidade uniforme de medida entre tarefas e recursos distintos, representados pela unidade monetária, comum a todos os fatores de produção, conforme a figura 51.

Figura 51

MAPA REPRESENTATIVO DA ANÁLISE DE VALOR AGREGADO

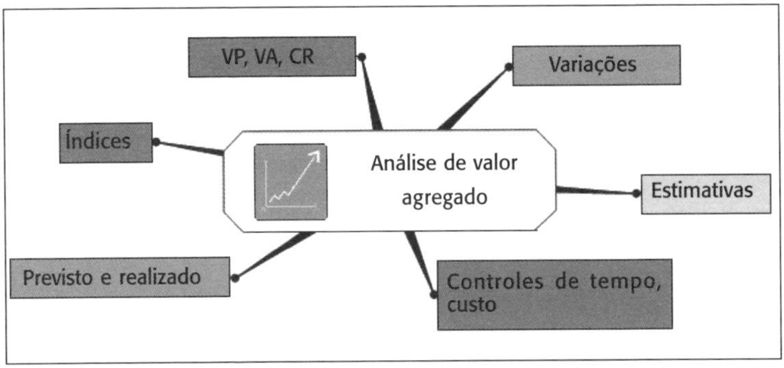

Mas como medir a execução ou o progresso físico entre tarefas distintas, tais como: elaborar desenhos (10 un), concretar pilar (100 m^3), colocar forro (200 m^2)?

A medição do progresso físico das tarefas é fundamental, à medida que o projeto avança, já que ela é a base para análise de desempenho dos projetos. Para correlacionar essas unidades de medida distintas (un, m^3, m^2), iremos transformá-las em unidades de medidas uniformes, por meio de unidades relativas. Por exemplo: a realização de 50 m^3 de concreto corresponde a 50% de realização da tarefa. O EVM fornece às empresas uma metodologia que se faz necessária para integrar o gerenciamento do escopo, prazos, custo e recursos do projeto.

O método desempenha um papel importante respondendo às perguntas da gerência que são críticas ao sucesso de cada projeto, como:

- Qual a variação de progresso (VPr)? Estamos adiantados ou atrasados?
- Qual a variação de esforço (Hr)? Estamos usando nossos recursos eficientemente?

- ❑ Quando iremos concluir o projeto?
- ❑ Qual a variação de custos (VC)? Estamos acima ou abaixo do custo orçado?
- ❑ Quanto o projeto irá custar?
- ❑ Quanto será a variação no término (VNT) em relação ao custo orçado?
- ❑ Qual o progresso necessário para recuperarmos o atraso atual?

Figura 52

REPRESENTAÇÃO GRÁFICA DAS VARIÁVEIS DO EVM

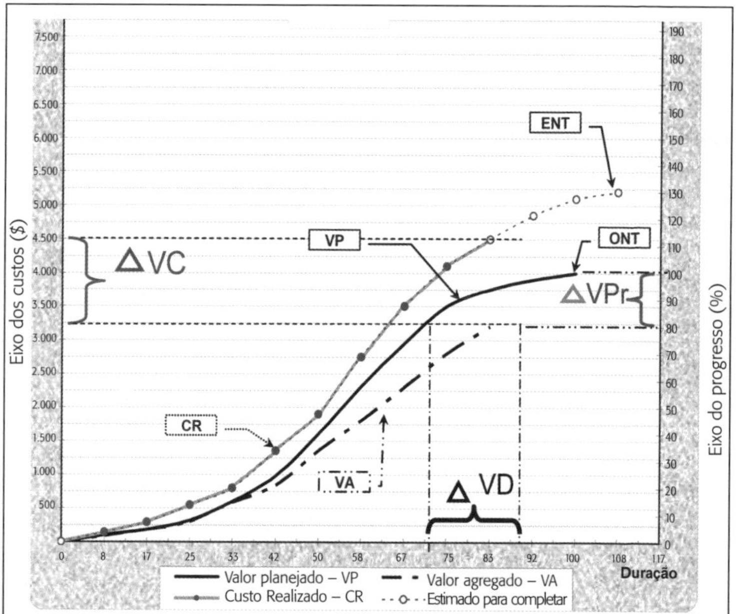

Obs.:

VP – valor planejado. Resulta do custo orçado total, de cada atividade que compõe a EAP do projeto. O VP é distribuído para cada período do projeto, em função das atividades que ocorrem nesses períodos e acumulado periodicamente, a fim de se traçar a curva "S"

correspondente. Também é chamado de custo orçado do trabalho agendado (COTA) ou *budget cost of work scheduled* (BCWS).
VA – valor agregado. Resultado do custo orçado de cada atividade que compõe a EAP do projeto, multiplicado pelo progresso físico (%) da tarefa correspondente, alcançado até a data de aferição. Geralmente utiliza unidade relativa (%), a fim de uniformizar o critério de medição do progresso, equivalente às quantidades físicas das tarefas realizadas até a data. Seus valores acumulados, periodicamente, fornecem a curva "S". Também é chamado de custo orçado do trabalho realizado (COTR) ou *budget cost of work performed* (BCWP).
CR – custo real. Os custos totais incorridos e registrados na realização das tarefas executadas durante o período de análise, acumulados até a data de *status*. Os valores contabilizados período a período são acumulados, permitindo traçar a curva "S" correspondente. Também é chamado de custo real do trabalho realizado (CRTR) ou *actual cost of work performed* (ACWP).
VC – variação de custo. Desvio entre o custo orçado e o custo real do projeto até a data, igual à diferença entre VA e CR, medida sobre o eixo dos custos, à esquerda da curva "S".
VPr – variação de progresso, geralmente expressa em termos de custo, à esquerda da curva "S". Variação ocorrida entre os quantitativos estimados e os efetivamente executados, dado pela diferença entre VA e VP na data, podendo ser expressa também em termos relativos, sobre o eixo do progresso, à direita da curva "S".
VD – variação da duração. Valor, medido no eixo do tempo, do atraso ou adiantamento no qual se encontra o projeto à data, dado pela diferença entre o VP e o VA (VD = VA – VP no eixo do prazo) em termos relativos.
ONT – orçamento no término. Corresponde ao somatório dos custos totais de todas as tarefas que compõem o projeto, ou seja, é o custo orçado do projeto, obtido pelo somatório de todos os valores planejados – VP – das tarefas do projeto.
EPT – estimativa para terminar. Equivale ao custo previsto necessário para terminar todo o trabalho restante de uma atividade, um componente da EAP ou o projeto. Essa estimativa leva em consideração, para tarefas que já estão em progresso, o mesmo desempenho econômico obtido até o momento, por meio do IDC. Caso a tarefa não tenha sido iniciada, considera-se a estimativa do custo original.
ENT – estimativa no término. É a soma do CR acumulado até o período de análise do projeto com a estimativa para terminar (EPT), podendo ainda ser revisada pela equipe do projeto (ENT = CR + EPT).
IDC – índice de desempenho de custos. Indicador de desempenho referente aos custos do projeto, relacionado ao uso efetivo dos recursos, dado pela relação entre o VA e o CR (IDC = VA/CR). O valor ideal para este índice gira em torno da unidade.
IDP – índice de desempenho de progresso. Indicador de desempenho referente ao progresso do projeto, relacionado ao uso do tempo, dado pela relação entre o VA e VP (IDP = VA/VP). O valor ideal para este índice também gira em torno da unidade.

O método é de fácil utilização, mas requer para sua aplicação, no mínimo, o seguinte: lista de atividades, proveniente da EAP; programação das atividades; alocação de recursos; linha de base dos custos; estabelecimento de critérios de medição; medição periódica das tarefas; plano de contas; contabilidade dos custos; sistema de controle de mudanças (escopo/custo).

O resumo da terminologia empregada no EVM com a descrição dos itens, seus acrônimos em português e os equivalentes em inglês, está apresentado no quadro.

Resumo da terminologia empregada no EVM

Item	Descrição	Port.	Ingl.
Valor planejado	Custo orçado do trabalho agendado – COTA	**VP**	PV
Valor agregado	Custo orçado do trabalho realizado – COTR	**VA**	EV
Custo realizado	Custo real do trabalho realizado CRTR (Custo incorrido)	**CR**	AC
Orçamento no término	Valor total planejado do projeto (*baseline* de custo)	**ONT**	BAC
Estimativa para terminar	Custo estimado para terminar (Custo a incorrer)	**EPT**	ETC
Estimativa no término	Custo total revisado no término	**ENT**	EAC
Variação de custo	Diferença entre valor agregado e custo real	**VC**	CV
Variação de progresso	Diferença entre valor agregado e valor planejado	**VPr**	SV
Variação da duração	Diferença entre VA e VP no eixo horizontal (ver fig. 52)	**VD**	–
Índice de desempenho de custos	Índice de desempenho de custos	**IDC**	CPI
Índice de desempenho de progresso	Índice de desempenho de progresso	**IDP**	SPI
Duração realizada	Duração realizada até a data de aferição	**IDR**	–
Estimativa de prazo	Prazo estimado para terminar (*delay at completion*)	**PEPT**	DAC
Duração no término	Duração revisada, DNT = DR + PEPT (*time at completion*)	**DNT**	TAC
Duração prevista	Duração prevista para o projeto (*plan at completion*)	**DP**	PAC
Variação no término	Diferença entre ONT e ENT	**VNT**	VAC
IDC^R IDC recuperação	Índice de desempenho de custo de recuperação	**IDC^R**	TCPI
IDP^R IDP recuperação	Índice de desempenho de progresso de recuperação	**IDP^R**	TSPI
% físico executado	Medição física da tarefa ou trabalho concluído (*physical % complete*)		
% concluído	% equivalente da duração decorrida ou realizada (% *complete*)		

Um dos benefícios diretos da aplicação do EVM é a possibilidade de obter respostas para perguntas relacionadas a prazos e custos futuros dos projetos, tendo como referência o desempenho alcançado até a data de *status*, conforme a figura 53.

Figura 53

Relações entre as variáveis do EVM

Relações importantes para medir desempenho				
Dados	ONT	VA	CR	VP
Variações	VNT		CV	VPr
Índices	IDC^R		IDC	IDP
Previsões	ENT			PEPT

Fórmulas	VNT = ENT – ONT	VC = VA – CR	VPr = VA – VP
	IDC^R = (ONT – VA)/(ONT-CR)	IDC = VA/CR	IDP = VA/VP
	ENT =CR + EPT	% Exec.= VA/ONT	∂VT= ONT/DP
	DNT = DR + PEPT		PEPT = VPr/∂VT
	EPT = (ONT – VA)/IDC		

Benefícios diretos da aplicação do EVM:

- dados confiáveis obtidos por sistema de controle simples;
- integração de escopo, prazo, custos e trabalho;
- não demanda um sistema específico para controle de custos e prazos;
- fornece indicadores de desempenho de custos, progresso e produtividade;
- permite levantar tendências por meio de indicadores de desempenho;
- permite o gerenciamento por meio do princípio da exceção;
- indica o progresso do trabalho relativo e absoluto;
- formação de base histórica para futuros projetos;
- presente na maioria dos programas disponíveis para gerenciamento de projetos;
- simplicidade de comunicação por meio de gráficos do tipo curva S.

Aplicações do EVM

Com os dados referentes aos valores planejados (VP), obtidos da programação das tarefas ao longo do prazo do projeto, também conhecido como cronograma financeiro, aos custos realizados (CR), obtidos da contabilidade de custos da empresa, e aos valores agregados (VA) da tabela 1, resultantes das medições periódicas das tarefas realizadas até o 9º período de execução, é possível analisar um conjunto de variações, indicadores e projeções de custos e progresso para continuidade e conclusão do projeto. O orçamento base é de $ 6.000.000 (ONT) para 18 períodos.

Tabela 1

EXEMPLO DE TABELA COM VALORES PARA CÁLCULO DO EVM

Período	Análise de valor (medições)			Variações de custo e progresso			
	Valor planejado VP (Cota) 1	Custo real CR (CRTR) 2	Valor agregado VA (COTR) 3	Variação de custo (VC) 4 = 3 – 2	Variação de custo (VC%) 5= (4/3) × 100	Variação de progresso (VP) 6 = 3–1	Variação de progresso (PV%) 7=(6/1)×100
1	*109.600*	*98.250*	*72.352*	–25.898	**–36**	–37.248	**–34**
2	*283.600*	*241.800*	*210.580*	–31.220	**–15**	–73.020	**–26**
3	*350.000*	*479.800*	*336.400*	–143.400	**–43**	–13.600	**–4**
4	*509.333*	*679.400*	*407.600*	–271.800	**–67**	–101.733	**–20**
5	*747.333*	*902.400*	*958.200*	55.800	*6*	210.867	*27*
6	*1.136.000*	*1.367.200*	*1.584.800*	217.600	*14*	448.800	*40*
7	*1.839.333*	*2.191.200*	*2.160.100*	–31.100	**–1**	320.767	*17*
8	*2.713.333*	*3.108.400*	*2.735.400*	–373.000	**–14**	22.067	*1*
9	*3.614.000*	*4.635.400*	*3.008.000*	–1.627.400	**–54**	–606.000	**–17**
10	*4.397.333*					–4.397.333	
11	*4.892.666*					–4.892.666	
12	*5.244.000*					–5.244.000	

Na tabela 1 é possível acompanhar os cálculos das variações e também o resumo do *status* do projeto. A figura 54 apresenta um resumo gráfico do projeto.

Variação de custo (VC) para o nono período:

VC = VA – CR = 3.008.000 – 4.635.400 = – 1.627.400 (sinal negativo)

O custo orçado do trabalho realizado (VA) foi inferior (sinal negativo) ao custo real do trabalho realizado (CR).

Variação de progresso (VPr) para o nono período:

VPr = VA – VP = 3.008.000 – 3.614.000 = –606.000 (sinal negativo)

O progresso, em termos absolutos, equivalente ao trabalho realizado (VA) foi inferior ao valor planejado (VP). Portanto, o projeto está atrasado.

Variação relativa dos custos (VC%) para o nono período:

VC% = (VC/VA) x 100 = (–1.627.400 / 3.008.000) x 100 = –54,1%

Os custos reais até a data sofreram um acréscimo de 54,1% em relação ao custo orçado, ou orçamento original.

Variação relativa do progresso (VPr%) para o nono período:

VPr% = (VPr / VP) x 100 = (–606.000 / 3.614.000) x 100 =
–16,8% (sinal negativo)

O projeto apresenta perda de progresso (sinal negativo) de –16,8% em relação ao valor planejado, até a data.

Figura 54

GRÁFICO EVM REPRESENTANDO A SITUAÇÃO DO PROJETO

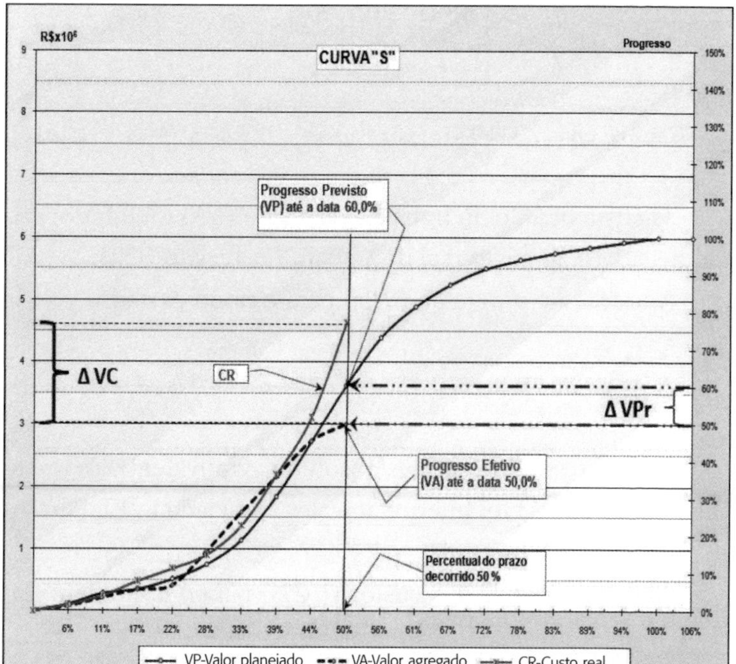

Perda de progresso (%) do projeto até a data: Δ VPr = 60% – 50% = 10% em relação ao projeto como um todo (–606.000/ 6.000.000) × 100 = 10%.

Entretanto, essa informação não agrega valor às análises de variações de prazos dos nossos projetos. Digamos que no mês de junho o projeto esteja com 20% de avanço ou progresso. Essa informação por si só não é representativa.

Na forma como estávamos acostumados a informar ou ser informados, conforme o dado do parágrafo anterior, não nos era permitido inferir se o projeto estava avançando bem ou mal. Para corrigir essa deficiência, é interessante transformar o eixo das durações em unidade relativa, de forma que possamos quantificar a duração e estabelecer uma relação com o tempo decorrido e o progresso do projeto.

Os passos para isso são: estabelecer a periodicidade dos relatórios de progresso do projeto (semanal/quinzenal/mensal), dividir a duração total do projeto pelo número de períodos do relatório periódico (o número encontrado irá corresponder ao valor relativo da duração do seu projeto) e acumular esses valores em número de períodos até a data final do seu projeto, correspondente a 100%.

Por exemplo, periodicidade, mensal; duração total, 12 meses, com início em janeiro. Logo, temos o 1º mês com 8%; o 2º mês com 16%; o 6º mês com 50%; até o 12º mês com 100%. Agora podemos fazer uma avaliação, porque estamos informados de que com 50% do prazo decorrido do projeto o progresso é de apenas 20%.

Na tabela 2, é possível observar os indicadores de performance do projeto.

- Índice desempenho de custo (IDC) para o nono período:

$$IDC = VA/CR = 3.008.000 / 4.365.400 = 0,65$$

A relação do custo orçado do trabalho realizado (VA) sobre o custo real do trabalho é inferior à unidade. Índice ideal deve ser igual à unidade.

- Índice desempenho de progresso (IDP) para o 9º período:

$$IDP = VA/VP = 3.008.000 / 3.614.000 = 0,83$$

A relação do trabalho realizado (VA) sobre o valor do trabalho planejado (VP) é inferior à unidade, demonstrando que o progresso atingido está abaixo do planejado.

Tabela 2

INDICADORES DA SITUAÇÃO DO PROJETO

	Análise de valor agregado			ONT = 6.000.000		Prazo 18 meses	
	Análise de valor (medições)			Indicadores		Estimativas	
Período	Valor planejado VP (Cota) 1	Custo real CR (CRTR) 2	Valor agregado VA (COTR) 3	Índice desemp. de custo (IDC) 8 = 3/2	Índice desemp. de progresso (IDP) 9 = 3/1	Estimativa no término (ENT)* 10 = ONT–3+2	Estimativa para terminar (EPT) (11) EPT = 10–2
1	*109.600*	*98.250*	*72.352*	0,74	**0,66**	6.025.898	**5.927.648**
2	*283.600*	*241.800*	*210.580*	0,87	**0,74**	6.031.220	**5.789.420**
3	*350.000*	*479.800*	*336.400*	0,70	**0,96**	6.143.400	**5.663.600**
4	*509.333*	*679.400*	*407.600*	0,60	**0,80**	6.271.800	**5.592.400**
5	*747.333*	*902.400*	*958.200*	1,06	1,28	5.944.200	5.041.800
6	*1.136.000*	*1.367.200*	*1.584.800*	1,16	1,40	5.782.400	4.415.200
7	*1.839.333*	*2.191.200*	*2.160.100*	0,99	**1,17**	6.031.100	3.839.900
8	*2.713.333*	*3.108.400*	*2.735.400*	0,88	**1,01**	6.373.000	3.264.600
9	*3.614.000*	*4.635.400*	*3.008.000*	0,65	**0,83**	7.627.400	**2.992.000**
10	*4.397.333*					6.000.000	6.000.000
11	*4.892.666*					6.000.000	6.000.000
12	*5.244.000*					6.000.000	6.000.000

ENT* — para IDC igual 1.

- Percentual executado até o nono período:

$$\% \text{ exec.} = (VA/ONT) \times 100 = (3.008.000 / 6.000.000) \times 100 = 50\%$$

O percentual executado do projeto até o nono período, prazo original para o término, corresponde a 50%.

- Índice de desempenho de custo para recuperação (IDC^R) para o nono período:

$$(IDC^R) = (ONT\ VA)/(ONT - CR) = \frac{6.000.000 - 3.008.000}{6.000.000 - 4.635.400} = 2,19$$

A estimativa dos custos a incorrer deverá ser dividida por 2,19 IDC^R para que o orçamento original possa ser recuperado, considerando que os custos incorridos até o nono período apresentam IDC igual a 0,65 (3.008.000 / 4.635.400).

- Ent*: na tabela 2, consideramos IDC^R igual à unidade para todo o projeto, devido ao fato de os contratos estabelecidos com os fornecedores não permitirem variação de custos ao longo do desenvolvimento. Desta forma, nossa equação passou a ser:

$$ENT = CR + (ONT - VA)/(IDC) = ENT = CR + ONT - VA$$
$$7.627.400 = 4.635.400 + 6.000.000 - 3.008.000$$

A figura 55 apresenta um exemplo de aplicação de EVM com o software MS-Project©.

Figura 55

EXEMPLO DE EVM COM USO DO MS-PROJECT©

	Nome da tarefa	% física concluída	Valor Planejado VP	Valor Agregado VA	Custo Real CR	VPr	VC	IDP	IDC	%VC	%VA
0	**Nova_Planta**	**50%**	**3.614.000**	**3.008.000**	**4.635.400**	**- 606.000**	**- 1.627.400**	**0,83**	**0,65**	**-54%**	**-17%**
2	Gerenciamento	50%	540.000	540.000	540.000	0	0	1	1	0%	0%
3	**ENGENHARIA**	**100%**	**163.600**	**163.600**	**283.000**	**0**	**- 119.400**	**1**	**0,58**	**-73%**	**0%**
4	Projeto Básico	100%	49.600	49.600	51.000	0	- 1.400	1	0,97	-3%	0%
6	Projeto Detalhado	100%	114.000	114.000	232.000	0	- 118.000	1	0,49	-104%	0%
8	**SUPRIMENTOS**	**100%**	**6.400**	**6.400**	**6.400**	**0**	**0**	**1**	**1**	**0%**	**0%**
9	Tubulação	100%	1.600	1.600	1.600	0	0	1	1	0%	0%
10	Cabos	100%	3.200	3.200	3.200	0	0	1	1	0%	0%
11	Motores	100%	1.600	1.600	1.600	0	0	1	1	0%	0%
13	**CONSTRUÇÃO**	**48%**	**2.904.000**	**2.298.000**	**3.806.000**	**- 606.000**	**- 1.508.000**	**0,79**	**0,6**	**-66%**	**-21%**
14	Elétrica	50%	312.000	515.000	1.292.000	203.000	- 777.000	1,65	0,4	-151%	65%
15	Tubulação	45%	1.074.000	693.000	1.414.000	- 381.000	- 721.000	0,65	0,49	-104%	-35%
16	Motores	50%	1.518.000	1.090.000	1.100.000	- 428.000	- 10.000	0,72	0,99	-1%	-28%

A curva S

A curva S representa graficamente o resultado da acumulação das distribuições percentuais, parciais, relativas à alocação de determinado fator de produção (mão de obra, equipamentos e materiais) ao longo do tempo. Por conseguinte, a curva S pode ser também denominada curva de distribuição ou agregação acumulada. Basicamente, a curva pode ser empregada como técnica de planejamento, programação ou como técnica de controle.

Como técnica de planejamento e programação, a curva S permite a modelagem da alocação dos recursos e do progresso em relação ao tempo. Entende-se por modelagem a criação de modelos para uma determinada finalidade. A prática corrente, na maioria dos projetos, tem sido a obtenção da curva S como resultado da acumulação dos recursos a partir do diagrama de Gantt. Nesse caso, tem-se como objetivo a criação de modelos de comportamento para o desempenho planejado do projeto por meio de curvas de agregação acumuladas de progresso, recursos e custos. Esses tipos de modelagem podem ser vistos na figura 56.

Figura 56

A CURVA S COMO TÉCNICA DE PLANEJAMENTO E PROGRAMAÇÃO

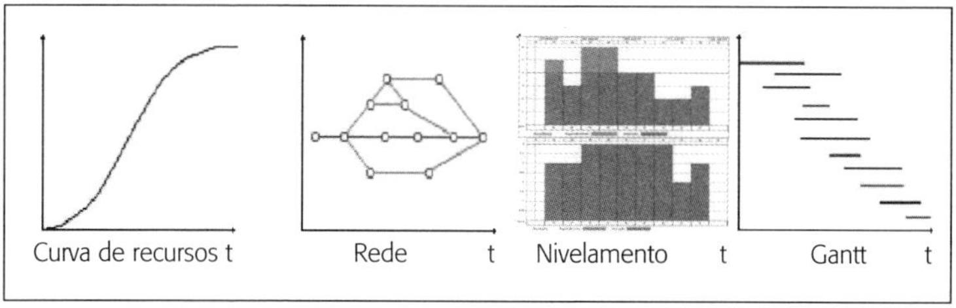

Segundo Heineck (1990:12),

> hoje é aceito que a duração de obra e o seu nível máximo de recursos não são fornecidos pela aplicação de uma técnica de

nível operacional, como as redes PERT/CPM ou o gráfico de Gantt. O contrário é que é verdadeiro, ou seja, dada a duração e o nível máximo de recursos disponíveis, deve-se traçar um programa de obras exequível dentro destes condicionantes estratégicos.

Heineck (1990:12) continua: "nada impede, e inclusive existe a recomendação para que as curvas de agregação, estabelecidas a um nível hierárquico de decisões mais elevado, determinem a programação de obras a ser realizada".

O desempenho ou progresso representando as estratégias (tais como redução máxima da fase de construção, maior ou menor ritmo de execução em certos intervalos de tempo, mobilização inicial e duração total) e as restrições, as alocações otimizadas e os níveis máximos de custos e recursos estabelecidos no plano mestre podem ser modelados e dispostos por meio de curvas de agregação simples ou acumuladas.

O planejamento tático e a programação são feitos na etapa final do projeto, com dados mais precisos e detalhados, adequando-se aos balizamentos estabelecidos pelo plano mestre e pelas curvas S.

Por mais que o projeto tenha caráter inédito, a equipe de gerenciamento é incentivada a estimar a duração prevista por meio de experiência adquirida ou de informações documentadas de outros projetos semelhantes. Estimados os custos, as durações totais e traçadas as estratégias, parte-se para a análise das curvas de agregação simples e acumuladas mais adequadas ao porte, tipo e objetivos do projeto.

Pode-se representar a agregação dos recursos de forma tanto relativa (percentual) quanto absoluta (com unidades métricas ou monetárias). A primeira forma é mais empregada nas curvas de progresso e a segunda em curvas de custos e de recursos.

Podemos ainda utilizar a combinação entre as duas formas e substituir a escala do tempo na horizontal (eixo das abscissas) de forma absoluta (jan., fev.,......, dez.) para relativa, por meio de transformação dos meses do ano em percentual. Estaríamos variando de 0% a 100% para o prazo original previsto do projeto e incluindo um segundo eixo Y de valores relativos (eixo das ordenadas), correlacionando com o eixo dos recursos (valor absoluto), obtendo assim o progresso em termos percentuais.

Para o planejamento e a programação de projetos, podem ser montadas curvas de mão de obra, equipamentos, materiais e custos. Porém, a relação progresso físico *versus* tempo é uma das mais (ou a mais) importantes aplicações da curva. Desejando-se trabalhar com essa relação, deve-se selecionar antes do início da montagem da curva o recurso que servirá como referência para o progresso físico. Geralmente, opta-se entre financeiro e mão de obra. O primeiro é o padrão mais global de comparação, por transformar todas as unidades em uma única unidade (unidade monetária), e o segundo pode ser empregado quando o projeto envolve moedas diferentes. É importante avaliar a força de trabalho ao longo do projeto, para detectar desvios em relação ao planejamento.

A obtenção da forma mais conveniente à fase de um projeto envolve dois procedimentos básicos:

- escolha da curva que melhor representará o seu progresso físico e/ou os diversos consumos de recursos; e
- definição dos parâmetros que modelam a curva.

Heineck (1990) e Limmer (1997) apontam a curva clássica trapezoidal e a curva beta como exemplos significativos da fase de construção. Sobrepondo-se essas curvas, tem-se:

Figura 57

CASOS EXTREMOS DE CURVAS DE DISTRIBUIÇÃO

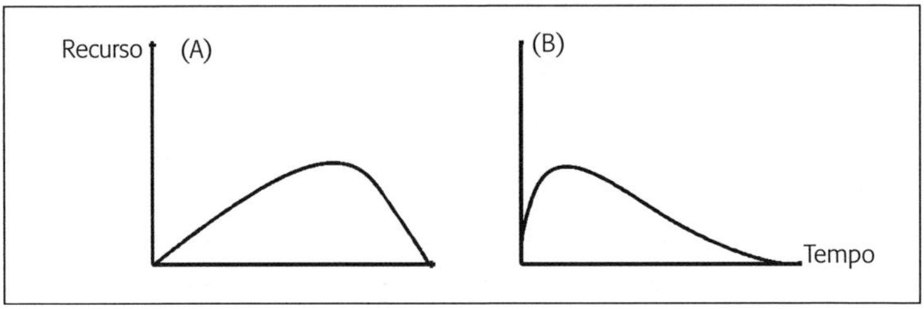

Os dois casos ilustrados na figura 57 exemplificam situações que devem ser evitadas. No primeiro (A), o projeto está com uma inércia inicial muito grande, possivelmente devido a dificuldades de mobilização. Em sua parte final, o cronograma fica "saturado".

No segundo (B), acontece o inverso: a parte inicial está supermobilizada e na final a desmobilização procede-se com lentidão excessiva. Ambos os casos poderão acarretar custos desnecessários.

Como técnica de controle, a curva S é o resultado final do processo de planejamento e da programação do projeto. Com os dados obtidos nesse processo, traça-se a curva que servirá, na etapa de execução, como parâmetro de comparação entre o desempenho esperado (andamento físico ou progresso dos serviços, consumo de homens-hora, materiais, equipamentos e custos) com o desempenho realizado, fruto da apropriação da aplicação dos recursos no processo de execução. Veja um exemplo de aplicação na figura 58.

Pronta a programação do projeto por meio das técnicas apropriadas, estando os recursos e os custos alocados e nivelados, traçam-se as curvas de agregação simples, que são obtidas pelo somatório em cada unidade de tempo (dias, semanas etc.) dos andamentos físicos ou progressos, consumo de homens-hora, equipamentos-hora, materiais e custos de todas as atividades. Ao acumularem-se em cada uma dessas unidades de tempo os valores totais alocados nas unidades anteriores, desenha-se a curva S representativa do projeto.

Figura 58

A CURVA S COMO TÉCNICA DE CONTROLE

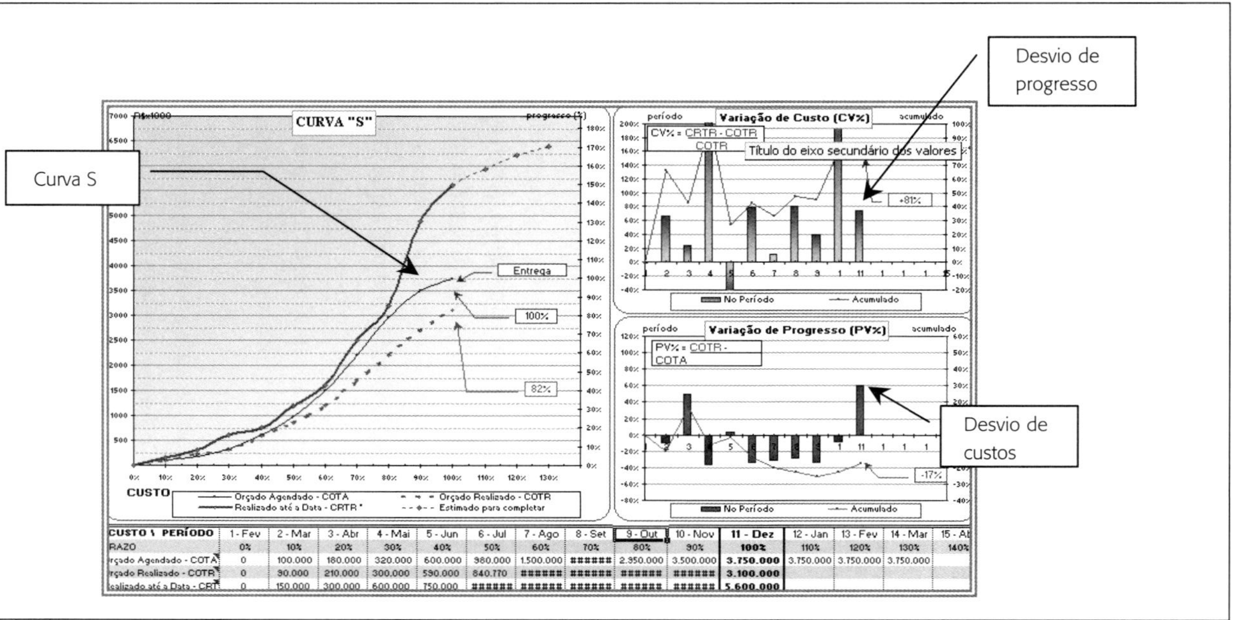

A montagem da curva S é direta para mão de obra, equipamentos, materiais e custos: alocados os recursos (preferivelmente em um diagrama de Gantt para melhor disposição), faz-se a totalização e acumulação dos valores por unidade de tempo, obtendo-se a curva.

Implantação com softwares de gerenciamento de projetos

Para a implantação do conceito de modelagem da curva S em qualquer tipo de software, é comum a aplicação de um processo longo de tentativas até se chegar a um resultado, geralmente não satisfatório, do modelo da curva. Uma alternativa para obtenção da modelagem da curva seria disponibilizar os recursos segundo uma distribuição preestabelecida, modelada conforme o tipo de curva S desejada, e as características do projeto. Depois, realizar os cálculos considerando as premissas e restrições que servirão de entrada aos algoritmos de cálculo dos softwares de gerenciamento. Os cálculos serão realizados com base na disponibilidade dos recursos (mão de obra/equipamentos/materiais). O resultado obtido será semelhante à curva previamente estabelecida, uma vez que, além de estar compatível com a metodologia de execução, ou seja, de acordo com a rede de precedência, estará associado à disponibilidade do efetivo (no caso de mão de obra) ao longo do desenvolvimento do projeto (previamente modelado).

Em resumo, a adoção de uma determinada forma como orientação do comportamento do projeto (em termos de progresso físico, custos, mão de obra etc.) somente é possível por meio de tentativas, modificando-se e ajustando-se os cronogramas ou mesmo revendo a rede de precedências do projeto, até que se obtenha uma curva programada satisfatoriamente similar à forma desejada.

A análise do desempenho ou progresso também emprega o conceito da curva S como técnica de controle. Uma vez traçada a curva S, obtida no processo de programação, e desenhados durante a fase de construção os resultados acumulados da execução das atividades compreendidas em um determinado período, tem-se em mãos um ótimo instrumento de análise entre o que foi planejado e o que foi realizado.

Essa comparação é utilizada como indicador de progresso quase sempre em termos de desvios em relação ao avanço físico, homens-hora e, principalmente, custos. Estando as curvas compatíveis (com valores bem próximos), pode-se considerar o progresso satisfatório.

Caso a curva realizada esteja com considerável desvio (superior ou inferior à curva planejada), devem ser revistos os dados considerados na programação, pois eles poderão estar majorados ou subestimados. Além disso, devem ser tomadas medidas corretivas em nível de execução para que a curva realizada retorne ao planejamento original. As curvas podem ser empregadas para a avaliação tanto de uma atividade isolada quanto do projeto em sentido global, aumentando a eficácia do planejamento e do controle.

Neste capítulo falamos de uma das mais importantes ferramentas de controle de projetos. Acreditamos que seu uso beneficie em muito o gerenciamento, o reporte e a documentação do projeto. Consideramos de fundamental importância que o leitor esteja alinhado também com as principais tendências de mercado e por isso vamos explorar o conceito de corrente crítica no próximo capítulo.

8

Corrente crítica

O objetivo deste capítulo é mostrar uma filosofia recentemente introduzida (1997) na prática de gerenciamento de projetos, que vem sendo utilizada por diversas empresas em várias partes do mundo: a corrente crítica. Esperamos gerar em você curiosidade para conhecer mais essa técnica que se agrega totalmente à forma tradicional de gerenciar projetos, mas ao mesmo tempo inova por meio de uma percepção única de como ocorre o fluxo de processos e acontecimentos em um projeto.

O conceito de CCPM

A corrente crítica, ou CCPM (*critical chain project management*), é a aplicação da TOC (*theory of constraints*) lançada por Eliyahu Goldratt em seu livro *The goal* (1992) ao ambiente de projeto. Um resumo de sua estrutura pode ser visto na figura 59.

Figura 59

MAPA DA ESTRUTURA DA CORRENTE CRÍTICA

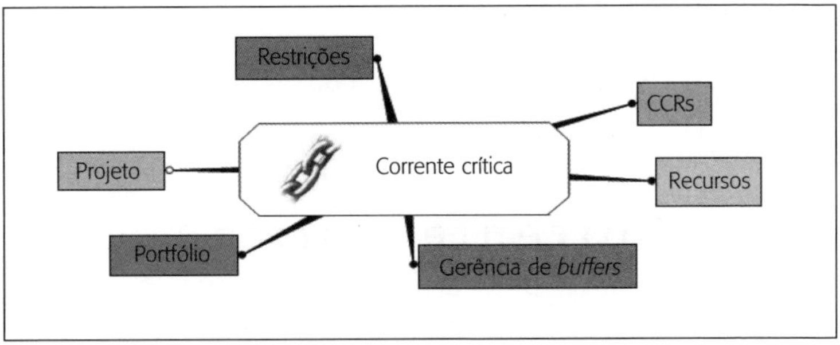

Sua aplicação pode ser definida como uma filosofia gerencial, que sugere uma significativa melhora no desempenho de projetos, buscando resolver seus conflitos principais. A CCPM busca obter essa melhora, desafiando diversas premissas existentes hoje na maneira tradicional de planejamento e controle de cronogramas.

A primeira premissa quebrada é de que o melhor lugar para inserção de segurança no projeto é dentro de cada atividade individualmente. Existe uma tendência natural das pessoas de passarem estimativas de tempo extremamente superestimadas em função de possíveis futuras cobranças e também da manutenção da estabilidade de seu próprio nível de conforto, conforme vimos no capítulo relativo às estimativas de duração.

Veja o exemplo da figura 60. Se uma atividade leva em média 13 dias para ser concluída, a estimativa normalmente oferecida pelo responsável da atividade é de, no mínimo, 40% mais alta do que essa média. Isso ocorre em função da inserção de uma margem de segurança embutida na atividade, como garantia e manutenção do conforto de quem passa a estimativa. E a experiência mostra que, quanto mais capacitado o recurso, maior a inserção de segurança.[16]

Figura 60

INSERÇÃO DE SEGURANÇA

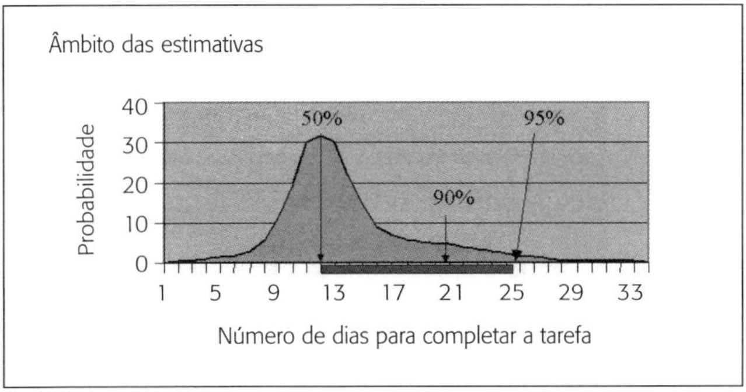

Este fenômeno, se multiplicado por todas as atividades do diagrama de rede de um projeto, leva inevitavelmente ao aumento desnecessário do tempo de sua realização. A corrente crítica sugere uma diminuição agressiva na estimativa de tempo por atividade. As estimativas devem ser reduzidas até o ponto em que as pessoas responsáveis por cada atividade acreditem que seja uma estimativa agressiva, porém não impossível de ser realizada. Normalmente, isso resulta em uma estimativa baseada na média da duração de uma atividade, no lugar de uma estimativa com grandes margens de segurança. Em alguns casos isso pode significar uma redução de mais de 50% na estimativa original.

Outro ponto interessante é que, uma vez considerada essa margem de segurança que os profissionais normalmente embutem em seus cronogramas, ainda são observados atrasos nos

[16] Muitas vezes também chamada de "colchão" ou "coeficiente de segurança" pela equipe do projeto.

projetos, como visto anteriormente. Além das causas já citadas relativas às estimativas de duração das atividades, ressaltamos ainda:

- multitarefa — supondo a situação da figura 61, em que o caminho crítico do projeto é composto por três atividades de três dias de duração cada e com um mesmo recurso associado. Se as atividades forem realizadas em sequência, o projeto durará nove dias. Se forem realizadas no formato multitarefa, o projeto sofrerá um atraso desnecessário. Na prática, considerando também o tempo de reposicionamento entre cada atividade, ele poderia ser ainda maior;

Figura 61

EXEMPLO DE MULTITAREFA

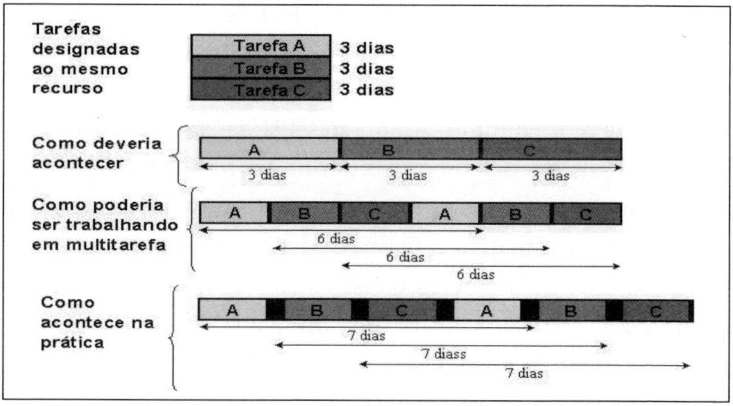

- síndrome do estudante — é característico da natureza humana esperar que uma atividade fique realmente urgente para realizá-la;
- lei de Parkinson — o trabalho se expande para preencher todo o tempo disponível. Mesmo que uma atividade seja concluída antes do tempo, a pessoa gasta todo o tem-

po que resta para "terminar de completá-la". Essa é, inclusive, uma das razões pelas quais a metodologia da corrente crítica sugere a eliminação dos marcos de entrega (*milestones*). O que passa realmente a importar é a data final do projeto.

Com base nas causas apresentadas, a CCPM propõe uma redução em média de 50%[17] na estimativa de cada atividade inserida no cronograma. No entanto, essa diminuição da segurança colocada em cada atividade torna o projeto bem mais vulnerável a possíveis atrasos, derivados de mudanças e incertezas a que todo o projeto é submetido. A CCPM gerencia esse fato com a colocação de parte da segurança removida das atividades individuais em "pulmões" (*buffers*) ao final de cada caminho da rede. A CCPM também endereça a questão da multitarefa por meio da eliminação da contenção de recursos durante o desenvolvimento do diagrama de rede, como veremos a seguir.

Caminho crítico de recursos (CCR)

A teoria do caminho crítico, pura e simples, assume que recursos são ilimitados. Essa não é mais a realidade para muitas organizações que estão competindo no mercado global. Recursos são frequentemente utilizados até o limite. Uma organização que não otimiza o uso de seus recursos irá perceber isso logo no seu ponto principal. Em outras palavras, muitas orga-

[17] É uma das chamadas "regras do dedão" (*rules of thumb*). Na verdade, existem algoritmos matemáticos preparados para esse tipo de cálculo. Nem sempre a redução sugerida é da ordem de 50% da estimativa. Os cálculos tomam por base a característica da atividade e também os desvios padrões de sua execução. Optamos por não detalhar essas fórmulas no livro. Maiores detalhes podem ser obtidos no capítulo relativo a *buffer sizing* do livro *Critical chain project management* que consta em nossa bibliografia.

nizações têm que redistribuir as cargas de trabalho de seus recursos. Fazendo isso, o caminho crítico se torna inútil; ele desaparece diante dos olhos de tais empresas.

Figura 62

Caminho crítico de recursos (CCR)

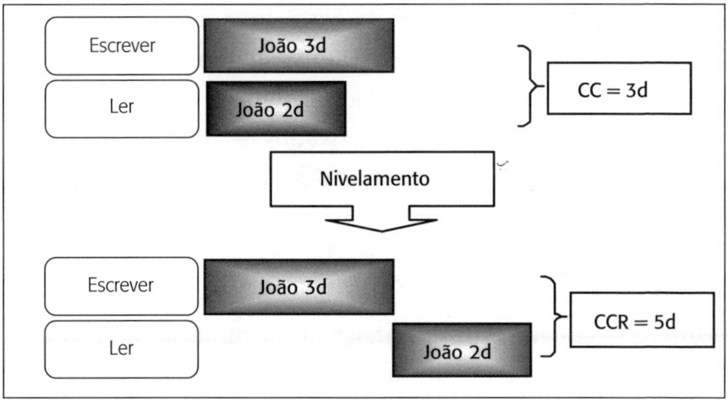

O exemplo da figura 62 demonstra a fragilidade do método de cálculo usado para identificação do caminho crítico, pois não leva em consideração as dependências de recursos. O nivelamento dos recursos pode transformar a folga total de uma tarefa sem significado e o caminho crítico.

Tarefas com folga podem, de fato, direcionar o prazo final do projeto, como a tarefa escrever da figura 62. Se escrever sofrer um atraso, ela moverá ler junto com ela. Precisamos de um novo tipo de caminho crítico que leve em conta as dependências lógicas, assim como as dependências de recursos. Tal caminho é chamado de caminho crítico de recursos (CCR), que deve ser monitorado, já que é muito mais útil para um planejamento estável.

O conceito de CCR está ligado a uma sequência de tarefas que determina o prazo final de um projeto, ao mesmo tempo que trata e leva em consideração as dependências lógicas e de recursos. A definição não é muito diferente da do caminho crítico. Contudo, outras definições derivadas do caminho crítico, como sequência de tarefas sem folgas, não se aplicam ao CCR, pois pode haver folga. No exemplo anterior, a atividade escrever tem folga, mas ainda direciona o prazo final do projeto e é, portanto, tão crucial quanto ler. Entretanto, ambas são tarefas críticas, pois o mesmo recurso realiza as duas. Em outras palavras, o CCR é o encadeamento de tarefas que direciona o prazo final do projeto ao mesmo tempo que leva em conta recursos com disponibilidade limitada. Quando se tem poucos recursos, deve-se fixar no CCR e não no CC, como podemos observar na figura 63.

Figura 63

Gráfico de CCR

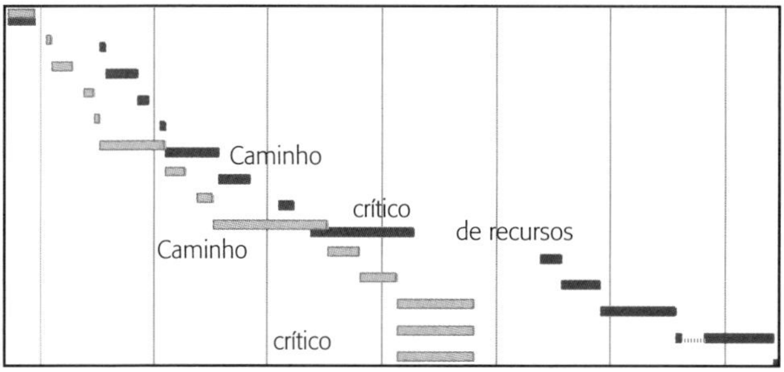

É possível verificar na figura 63 que o CCR frequentemente inclui o início de algumas tarefas críticas e depois tarefas que são "adiadas" por causa do nivelamento, tarefas que agora direcionam o prazo final do projeto. Tarefas críticas por recursos são as que, quando adiadas, comprometem o prazo final do projeto.

Para que não se esqueça desse ponto fundamental, introduzimos a acrossemia Éric.[18] Em um planejamento equilibrado, qualquer recurso pode ser tão limitado em disponibilidade ou tão necessário que poderia direcionar o prazo do término do projeto. Portanto, cada recurso envolve criticidade (Crec em português).

É importante entender o conceito do CCR, pois é por meio dele que a corrente crítica é estruturada. Só com o CCR montado e visível será possível começarmos a montagem da corrente, conforme veremos a seguir.

Montando a corrente

Com base no conceito do CCR, a corrente crítica passa a ser o maior caminho por meio da rede, considerando as dependências de atividades e de recursos. Não é necessário começar todos os caminhos não críticos em sua data mais cedo conforme sugerido pelo CPM. A CCPM usa a data mais tarde de início para todos os caminhos do projeto. Apesar de parecer imprudente do ponto de vista de gerência de riscos, as vantagens dessa quebra de paradigma são claras. Não só evita-se incorrer em investimentos mais cedo do que o necessário, como também se inibe a perda de foco em vários caminhos simultâneos.

A segurança anteriormente colocada em todas as atividades passa a ser colocada ao final da corrente crítica e chamada de *project buffer* (PB). A corrente crítica mais o PB formam a data final de entrega do projeto. Outros *buffers* são inseridos em caminhos que se unem à corrente crítica para garantir que não se tornem críticos também.

Esses *buffers* são chamados de "pulmões de convergência" ou *feeding buffers* (FB) e são inseridos justamente na convergên-

---

[18] Eric é o primeiro nome do autor. A acrossemia significa *each resource implies criticality* (Eric). Em português: cada recurso envolve criticidade (Crec).

cia entre esses caminhos e a corrente crítica. Sua utilidade é de proteger a corrente crítica de possíveis problemas que venham a ocorrer nesses caminhos que se unem a ela. Em geral, os *buffers* são calculados com 50% do total da segurança removida no caminho em questão, ou como resultado da raiz da soma dos quadrados da segurança retirada de cada atividade daquele caminho. É utilizado o valor que produzir um *buffer* mais robusto.

Mas como fazer para obter o diagrama de rede com base na corrente crítica? Como fazer para gerenciar o projeto e controlar possíveis atrasos por meio da técnica de CCPM? O primeiro passo a ser dado é a criação da rede.

Supondo um diagrama de rede feito da maneira tradicional, observam-se dois possíveis caminhos, como exemplificado na figura 64. Assim, o projeto teria 22 dias de duração. O primeiro passo seria usar a duração média por atividade. A seguir, utilizam-se os tempos mais tarde de início para os caminhos não críticos, seguindo a lógica da rede.

Figura 64

CRIAÇÃO DA REDE

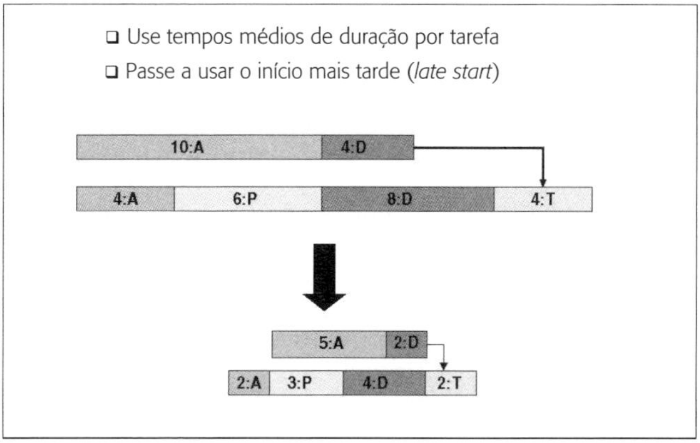

O segundo passo é a identificação da corrente crítica. Uma vez criada a rede, toda contenção de recursos deve ser eliminada para facilitar a identificação da corrente crítica. Assim, o recurso A e o recurso D teriam que estar realizando duas atividades paralelas ao mesmo tempo, o que é impossível. Logo, é necessário um escalonamento de recursos para a formação da corrente crítica, conforme a figura 65.

Figura 65

Identificação da corrente crítica

- Eliminar a contenção de recursos
- Identificar a corrente crítica (maior caminho através da rede considerando dependências entre *tarefas* e *recursos* também)

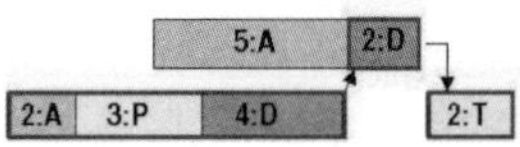

A corrente crítica é definida como o maior caminho através da rede, levando-se em conta as dependências entre atividades e também entre recursos (conceito de CCR). Uma vez identificada a corrente crítica e a fim de evitar uma vulnerabilidade indesejável em relação ao tempo de duração do projeto, é inserido um *buffer* ao final da corrente crítica, calculado normalmente com 50% do total da segurança retirada de cada atividade.

No caso do exemplo da figura 66, o PB foi calculado com 6,5 dias. Após a inserção do PB, são inseridos também os chamados FBs em cada caminho convergente com a corrente crítica. A fórmula do cálculo dos FBs é equivalente à do PB.

Figura 66

PROTEÇÃO COM *BUFFERS*

- O *project buffer* (PB) protege a data final do projeto

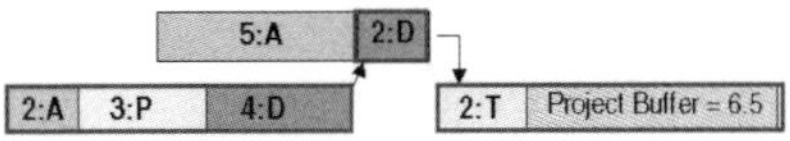

- Nos caminhos em que o projeto pode ficar vulnerável, são inseridos *feeding buffers* (FB)

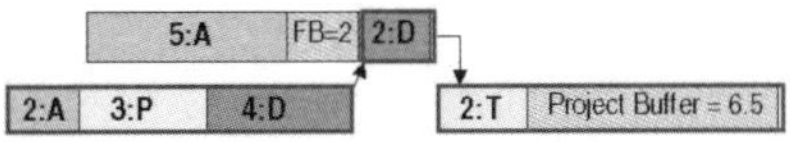

O gerenciamento dos *buffers*

Os *buffers* envolvidos funcionam como base de sustentação para gerenciar e medir o progresso do projeto em relação à data de término esperada. Em geral, essa gerência dos *buffers* é feita dividindo-se o *buffer* em três diferentes níveis. Cada nível representa 1/3 do tempo calculado ao *buffer*. Uma vez que as estimativas por atividade são de 50%, aproximadamente metade do tempo elas terminarão mais cedo e metade do tempo, mais tarde. É esperado que o tempo de *buffer* seja consumido e também recuperado, à medida que as atividades vão terminando mais cedo ou mais tarde do que o determinado.

Conforme a figura 67, se uma atividade permanecer na primeira parte do *buffer* do projeto, nenhuma ação é requerida ao gerente do projeto. Se o consumo do *buffer* entrar na sua segunda metade, o gerente do projeto deve desenvolver um plano de recuperação em associação com os gerentes que alocam recursos para as atividades em andamento e que estão por vir na corrente crítica. O objetivo é voltar para a área "OK" do *buffer*. Se o *buffer* entrar no seu terceiro terço, o gerente de projeto deverá pôr em prática o plano de recuperação desenvolvido anteriormente e segui-lo até que o *buffer* esteja recuperado, de volta em seu primeiro terço.

Figura 67

***BUFFERS* DE CONTROLE**

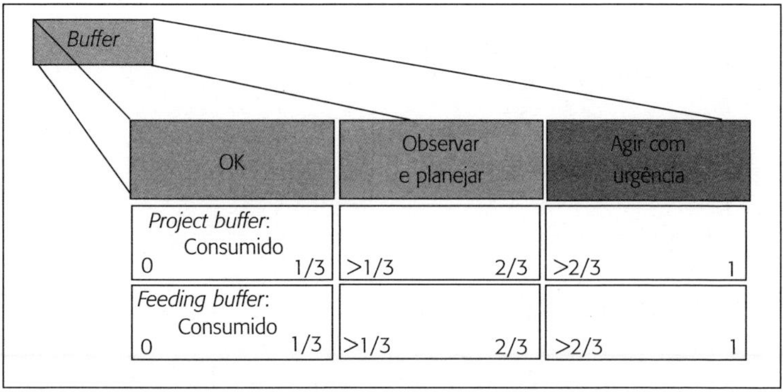

Várias são as ferramentas de softwares hoje que suportam tanto CCPM quanto a gerência de *buffers*.[19] Por meio desses programas é possível obter relatórios precisos sobre o andamento do projeto, consumo do PB e dos FBs, quais as atividades que estão consumindo mais ou menos os *buffers* e qual o tempo restante por atividade no caminho que está alimentando um dado *buffer*. Tais relatórios ajudam o gerente de projeto na decisão de onde focar esforços e o que é ou não realmente importante.

Os *buffers* não devem ser confundidos com as tradicionais folgas do CPM, conforme explicado no capítulo de estimativas de duração de atividades. As folgas por definição existem em

[19] Algumas das mais conhecidas ferramentas para uso com CCPM são: ProChain©, PS8© e CC-Pulse©. A grande maioria se integra ao MS-Project©.

todos os caminhos não críticos de uma rede. Porém, elas resultam da lógica de um cronograma determinístico. Por exemplo, um caminho muito menor do que o caminho crítico tem uma folga relativamente grande.

Como o caminho é pequeno, a variação na sua duração também deverá ser pequena (em relação à variação do caminho crítico). Por outro lado, um caminho quase tão grande quanto o caminho crítico apresenta uma folga muito pequena. Normalmente, é o caminho que mais representa perigo para o caminho crítico e, portanto, é o caminho que requer a maior proteção contra incertezas. Assim, a quantidade de folga disponível em um cronograma do tipo CPM é inversamente proporcional ao necessário para proteger o caminho crítico.

O tamanho dos *buffers* na CCPM varia diretamente em função dos caminhos a que estão associados. Logo, quanto maior o caminho em questão e maior a sua incerteza, maior será o *buffer* associado a ele. Como na CCPM é esperado que haja certo consumo de *buffer*, um orçamento tem de ser alocado para cobrir esse tipo de tratamento. Existem várias formas de alocação de orçamento para cobertura de *buffers* que não são objetivos deste livro. Só cabe salientar que, da mesma forma que existe um *buffer* de tempo, é natural que exista também um *buffer* proporcional de custos.

Procuramos fazer uma revisão geral do conceito envolvido na corrente crítica. Entendemos que maiores informações são necessárias caso você queira começar a utilizar a técnica em seus projetos, mas esperamos ter aguçado a sua curiosidade. Este era o objetivo deste capítulo. Acreditamos que a contínua atualização é um dos caminhos para um gerenciamento de projetos cada vez mais eficiente e eficaz.

Conclusão

É sabido que enfrentamos diversos paradoxos no gerenciamento de projetos. Temos menos recursos e temos que fazer mais atividades, ser mais produtivos, mas ao mesmo tempo economizar e manter a qualidade do produto a ser entregue. É preciso entregar todo o escopo combinado dentro do prazo especificado ou antes. Para tanto, é preciso planejar. Reclamamos que não temos tempo para um correto planejamento, mas acabamos tendo tempo para corrigir caso seja necessário.

Foi com base nesses paradoxos que escrevemos este livro, desde o capítulo relativo à definição de atividades até o capítulo final. Nossa intenção foi quebrar os paradigmas de que gerenciamento do tempo é difícil ou complicado.

Ao final da leitura deste livro, você é convidado a fazer uma reflexão sobre a forma como planeja, controla e gerencia tempo em seus projetos. Mesmo sabendo que muitas vezes o próprio tempo (ou a falta dele) pesa contra um planejamento mais estruturado, esperamos ter transmitido a ideia de que esse tipo de abordagem só tende a gerar vantagens e melhores resultados para o gerenciamento do projeto como um todo.

Propomos um desafio a você: colocar em prática aquilo que aprendeu neste livro. Sabemos que nem sempre será possível utilizar todas as ferramentas e técnicas aqui descritas. Até porque o próprio processo de aprendizagem e seu uso devem ser progressivos. Todavia, toda jornada começa com o primeiro passo. Ferramentas de software como algumas das apresentadas aqui por meio de exemplos podem ser muito úteis no caminho.

Porém o mais importante são os conceitos e o conhecimento que esperamos ter passado a você. Boa sorte em todos os seus projetos presentes e futuros. Profissionais e pessoais. E lembre-se: planejar é preciso. Controlar também é preciso.

Referências

ANBARI, Frank T. Earned value project management method and extensions. *Project Management Journal*, v. 34, n. 4, p. 12-23, 2003.

ARCHIBALD, R.; VILLORIA, R. L. *Network based management system*. New York: J. Wiley & Sons, 1975.

BARCAUI, André. Teoria das restrições aplicada à gerência de projetos. *Revista Pesquisa e Desenvolvimento em Engenharia de Produção*, n. 2, p. 1-21, julho 2004.

BENNATAN, E. M. *On time within budget*: software project management practices and techniques. 3. ed. New Jersey: John Wiley & Sons, 2000.

BERNSTEIN, Lee S. *Physical completion measuring techniques in current practice in cost estimating and cost control*. Reston, Virginia: American Society of Civil Engineers, 1983.

CARDELLA, Tony. *Delivering project benefits faster using the theory of constraints*. New Haven: Goldratt Institute, 1998.

CLELAND, David. *Project management* – strategic design and implementation. 3. ed. New York: McGraw-Hill, 1999.

COX III, James F.; SPENCER, Michael S. *Manual da teoria das restrições*. São Paulo: CRC Press LLC, 1997.

GOLDRATT, Eliyahu.*The goal*. Great Barrington: North River Press, 1992.

______. *Critical chain*. Great Barrington: North River Press, 1997.

HEINECK, Luiz F. Curvas de agregação de recursos no planejamento e controle de edificações: aplicações a obras e a programas de construção. *Caderno Técnico*, Porto Alegre: UFRGS, 1989.

______. Inventário de aplicações da curva S no gerenciamento de produção civil: uma aplicação no controle de empreendimentos. In: ENEGEP, 10. *Anais*... UFMG, 1990. v. 2, p. 736-741.

KERZNER, Harold. *Project management*: a systems approach to planning, scheduling and controlling. 8. ed. New Jersey: John Wiley & Sons, 2003.

LEACH, Lawrence P. *Critical chain project management*. Boston: Artech House, 2000a.

______. *Simplified critical chain project management* (S-CCPM). Boise: Advanced Projects Institute, 2000b.

LEWIS, James P. *The project manager's desk reference*: a comprehensive guide to project planning, scheduling, evaluation, control & systems. New York: McGraw-Hill, 1995.

LIMMER, Carl V. *Planejamento, orçamentação e controle de projetos e obras*. São Paulo: LTC, 1997.

MEREDITH, Jack R. *Project management*: a managerial approach. New York: John Wiley & Sons, 2000.

MODER, J. J.; PHILIPS, C. R. *Project management with CPM and Pert*. New York: Reinhold, 1970.

PATRICK, Francis S. Getting out from between Parkinson's Rock and Murphy's Hard Place. *PM Network Magazine*, n. 13, 1998.

PATRICK, Francis S. *Program management* – turning many projects into few priorities with TOC. In: PMI INTERNATIONAL SYMPOSIUM. *Proceedings...*, 1999.

PMI. *Project management body of knowledge (PMBOK®)*. Newton Square, PA: Project Management Institute, 2004.

______. *Practice standard for earned value management*. Newton Square, PA: Project Management Institute, 2005.

SILVA, Ivaldo. A possibilidade de redução do preço proposto na antecipação de receitas. In: ENCONTRO NACIONAL DE ENGENHARIA DA PRODUÇÃO. *Anais...* Porto Alegre, 1989. p. 110-115.

______. Aplicação da curva S no gerenciamento de projetos. *Revista Gerenciamento e Obras*, p. 22-26, 2003.

TAYLOR, James. *A survival guide for project managers*. New York: Amacom, 1998.

UYTTEWAAL, Eric. *Dynamic scheduling with Microsoft Project*. New York: International Institute for Learning, 2001.

VARGAS, Ricardo Viana. *Análise de valor agregado em projetos*. Rio de Janeiro: Brasport, 2002.

Os autores

André B. Barcaui

Mestre em sistemas de gestão pela UFF-RJ, consultor sênior com mais de 15 anos de experiência na área de gerenciamento de projetos. Foi *project office manager* da Hewlett-Packard Consulting Latin America e gerente de programa e serviços na IBM. É membro-fundador do PMI Chapter Rio, onde obteve sua certificação PMP em 1999. Professor de diversos MBAs do FGV Management. Certificado *master coach* pelo International Coaching Institute, desenvolve projetos de consultoria, treinamento e *coaching* para gerências de diversos níveis.

Danubio Borba

Bacharel em administração de empresas com ênfase em análise de sistemas pela Fasp, mestre em gerenciamento de projetos pela School of Business and Public Management da George Washington University. Professor do FGV Management. Sua área de especialização inclui a gestão de projetos, programas na área de tecnologia da informação, comunicações em projetos, desenvolvimento de metodologias, aplicação de técnicas de criatividade e inovação em projetos. É filiado ao PMI desde 1998, quando se certificou PMP, e conselheiro do capítulo São Paulo da instituição.

Ivaldo M. da Silva

Especialista em gerenciamento de projetos pela UFF, engenheiro civil com mais de 28 anos de experiência em gerenciamento, membro do Project Management Institute (PMI), ex-gerente de planejamento da Construtora Affonseca, ex-docente de estradas e transportes, consultor de gerenciamento de projetos, engenharia de custos e viabilidade econômica. Professor do FGV Management.

Rodrigo B. Neves

Mestre em sistemas de gestão pela UFF-RJ, engenheiro civil pela Universidade Federal de Minas Gerais (UFMG) e certificado PMP pelo PMI-MG. É certificado Mous (Microsoft Office User Specialist) em MS Project 2000 e certificado MS Project Orange Belt. Professor do MBA de gerência de projetos do FGV Management. Filiado aos *chapters* Rio de Janeiro e Minas Gerais do PMI e coordenador do SIG (Specific Interest Group) de estudo do *PMBOK®* Brasil.